MENOS
É MAIS

FRANCINE JAY

MENOS
É MAIS

Um guia minimalista para
organizar e simplificar sua vida

Tradução
GUILHERME MIRANDA

10ª reimpressão

Copyright © 2016 by Francine Jay
Venda proibida em Portugal.

O selo Fontanar foi licenciado para Editora Schwarcz S.A.

Grafia atualizada segundo o Acordo Ortográfico
da Língua Portuguesa de 1990, que entrou em vigor
no Brasil em 2009.

TÍTULO ORIGINAL The Joy of Less: A Minimalist Guide to
Declutter, Organize, and Simplify

CAPA Jennifer Tolo Pierce

PREPARAÇÃO Rachel Botelho

REVISÃO Renata Lopes Del Nero e Ana Maria Barbosa

Dados Internacionais de Catalogação na Publicação (CIP)
(Câmara Brasileira do Livro, SP, Brasil)

Jay, Francine
    Menos é mais : um guia minimalista para organizar e
simplificar sua vida / Francine Jay ; tradução Guilherme
Miranda — 1ª ed. — São Paulo : Fontanar, 2016.

    Título original: The Joy of Less : A Minimalist Guide
to Declutter, Organize, and Simplify.
    ISBN 978-85-63277-77-0

    1. Arrumação de casa 2. Limpeza doméstica 3. Ordem
4. Organização doméstica. I. Título.

15-10960	CDD-648.5

Índice para catálogo sistemático:
1. Arrumação do lar : Organização doméstica   648.5

[2021]
Todos os direitos desta edição reservados à
EDITORA SCHWARCZ S.A.
Rua Bandeira Paulista, 702, cj. 32
04532-002 — São Paulo — SP
Telefone: (11) 3707-3500
facebook.com/Fontanar.br
twitter.com/fontanar_br

Pequena borboleta
voa sem o fardo
do mundo do desejo.

Kobayashi Issa, poema retirado de
The Spring of My Life: And Selected Haiku

Sumário

Introdução 9

PARTE UM — FILOSOFIA 15

  1. Veja suas coisas pelo que elas são 17
  2. Você não é aquilo que possui 21
  3. Menos coisas = menos estresse 25
  4. Menos coisas = mais liberdade 28
  5. Desapegue-se das suas coisas 31
  6. Seja um bom porteiro 35
  7. Um abraço no espaço 38
  8. Aproveite sem possuir 41
  9. O prazer do suficiente 44
 10. Viva com simplicidade 47

PARTE DOIS — OS DEZ PASSOS 51

 11. Recomece 53
 12. Tralha, Tesouro ou Transferência 56
 13. Um motivo para cada objeto 60
 14. Cada coisa em seu lugar 63
 15. Todas as superfícies vazias 66
 16. Módulos 70
 17. Limites 74
 18. Entra um, sai outro 77

19. Restrinja 80
20. Manutenção diária 84

PARTE TRÊS — CÔMODO POR CÔMODO 89

21. Sala de estar 91
22. Quarto 102
23. Closet 112
24. Escritório 123
25. Cozinha e sala de jantar 134
26. Banheiro 145
27. Espaços de armazenamento 154
28. Presentes, heranças e objetos de valor sentimental 164

PARTE QUATRO — ESTILO DE VIDA 175

29. Família livre de bagunça 177
30. O bem maior 197

Conclusão 210
Agradecimentos 213

Introdução

E se eu lhe dissesse que ter menos coisas pode fazer de você uma pessoa mais feliz? Parece loucura, não parece? É porque todos os dias, para onde quer que olhemos, recebemos milhares de mensagens que dizem o oposto: compre isso para ficar mais bonita; possua aquilo para ter mais sucesso; adquira aquilo outro e sua felicidade não conhecerá fronteiras.

Bom, e assim nós compramos isso, aquilo e aquilo outro. Isso deve nos deixar nas nuvens, não é mesmo? Para a maioria de nós, no entanto, a resposta é "não". Na verdade, quase sempre acontece o contrário: muitos desses objetos, juntamente com suas promessas vazias, sugam aos poucos o dinheiro de nossos bolsos, a magia de nossos relacionamentos e o prazer de nossas vidas.

Você já olhou para a sua casa, para todas as coisas que comprou, herdou e ganhou, e se sentiu tomado de estresse em vez de alegria? Você sofre com a conta do cartão de crédito e mal se lembra das compras que está pagando? Alimenta um desejo secreto de que um vendaval expulse a bagunça de sua casa, tendo assim a oportunidade de começar do zero? Se respondeu sim a essas perguntas, um estilo de vida minimalista pode ser a sua salvação.

Primeiro, vamos entender o termo "minimalismo" tim-tim por tim-tim. Ele parece ter adquirido um ar meio intimidador, elitista, associado muitas vezes a lofts multimilionários decorados com apenas três ou quatro móveis. A palavra evoca imagens de cômodos espaçosos, abertos, com pisos de cimento queimado e superfícies brancas reluzentes. Tudo parece muito sóbrio, sério e estéril. Como é que isso se encaixaria em vidas cheias de crianças, animais de estimação, hobbies, folhetos de propaganda e roupas para lavar?

A maioria das pessoas ouve a palavra "minimalismo" e pensa em "vazio". Infelizmente o vazio não é muito interessante; costuma estar associado a perda, privação e escassez. Mas olhe para o vazio de um outro ângulo — pense no que ele *é* em vez do que ele não é — e você verá "espaço". Espaço! Está aí algo que faria bem para todos! Espaço no guarda-roupa, na garagem, na agenda, espaço para pensar, se divertir, criar e curtir a família... *esse* é o charme do minimalismo.

Pense assim: um recipiente vale mais quando está vazio. Não podemos tomar um cafezinho fresco se houver borra velha na xícara e não dá para exibir os botões do jardim se o vaso estiver repleto de flores murchas. Da mesma forma, se nossas casas — os recipientes, por assim dizer, da nossa vida cotidiana — transbordam de bagunça, nossa alma fica em segundo plano em relação às nossas coisas. Não temos mais tempo, energia nem espaço para novas experiências. Sentimos que ficamos apertados e inibidos, como se não pudéssemos nos alongar e nos expressar por completo.

Tornarmo-nos minimalistas nos põe no controle de nossas coisas. Exigimos nosso espaço e restituímos a função e o potencial de nossos lares. Transformamos nossas casas em novos recipientes abertos, arejados e receptivos para o conteúdo de nossas vidas. Declaramos independência da tirania da bagunça. E isso é, sem dúvida, libertador!

Parece ótimo — mas como chegaremos lá? Por onde começamos? Por que este livro é diferente de todos os outros sobre como organizar sua vida? Bom, ao contrário de outros livros sobre organização, este aqui não sugere que você compre caixas organizadoras caras ou alugue um depósito no qual possa enfiar suas coisas. A intenção aqui é *reduzir* a quantidade de coisas que estão à sua volta. Além disso, você não vai ter de responder a testes, fazer listas ou preencher tabelas — quem tem tempo para isso? E também não vai ler dezenas de estudos de caso sobre a bagunça de outras pessoas; o foco aqui é *você*.

Vamos começar com a criação de uma mentalidade minimalista. Não se preocupe, não é difícil! Vamos pensar somente nas recompensas e nas vantagens de uma vida ordenada; isso nos dará a motivação necessária para quando formos tratar da antiga porcelana da vovó. Vamos aprender a ver nossas coisas pelo que elas são e enfraquecer todo o poder que elas possam ter sobre nós, descobrindo a liberdade de viver com apenas o "suficiente" para atender às nossas necessidades. Vamos filosofar um pouquinho e ponderar sobre como nosso novo minimalismo vai enriquecer nossas vidas e causar mudanças positivas no mundo.

Por que tanto falatório? Porque a organização é como uma dieta. Podemos pular de cabeça, contar nossas posses como contamos calorias e "morrer de fome" para conseguir resultados rápidos. Muitas vezes, porém, acabamos nos sentindo privados, saímos consumindo de maneira compulsiva e voltamos exatamente ao ponto em que começamos. Primeiro, precisamos mudar nossas atitudes e nossos hábitos — é como passar de uma dieta de batata frita e hambúrgueres para uma dieta mediterrânea. Criar uma mentalidade minimalista vai transformar a maneira como tomamos decisões sobre o que temos e o que trazemos para nossas vidas. Em vez de ser um paliativo de curto prazo, esse será um compromisso de longo prazo com um novo e maravilhoso estilo de vida.

Depois do aquecimento mental, vamos aprender sobre o método dos Dez Passos — as dez técnicas mais eficientes para alcançar e manter uma casa organizada. É aí que a diversão começa! Vamos precisar começar do zero em cada gaveta, cada armário e cada cômodo, e vamos nos assegurar de que tudo o que possuímos ofereça uma contribuição positiva para os nossos lares. Vamos colocar cada objeto em seu devido lugar e estabelecer limites para manter tudo sob controle. Vamos reduzir continuamente a quantidade de coisas em casa e criar técnicas para garantir que elas não voltem a se acumular. Armados dessas técnicas, vamos vencer a bagunça de uma vez por todas!

Cada área da casa apresenta dificuldades específicas. Portanto, vamos avançar de cômodo em cômodo, explorando maneiras pontuais de lidar com cada um deles. Começaremos pela sala de estar, criando um espaço versátil e dinâmico no qual possamos realizar as atividades de lazer. Vamos discutir as vantagens de cada móvel e pensar no que fazer com todos os livros, DVDs, video games e materiais de artesanato. Em seguida, vamos passar para o quarto, onde eliminaremos o excesso a fim de criar um oásis pacífico para nossas almas cansadas. Nosso objetivo: um espaço limpo, calmo e organizado que nos relaxe e rejuvenesça.

Como muitos sofrem com closets abarrotados, vamos dedicar um capítulo inteiro a problemas no guarda-roupa. (Siga esses conselhos e você vai estar sempre bem-vestido mesmo possuindo apenas parte das suas roupas atuais.) E, depois, como já estaremos no embalo, vamos atacar as pilhas de papéis no escritório e reduzir o tsunami na caixa de entrada do e-mail até que não passe de uma simples marola. A transformação minimalista vai domar até mesmo os ambientes de trabalho mais caóticos!

Em seguida, vamos voltar um olhar atento à cozinha. Vamos reduzir consideravelmente os potes, as panelas e as louças e ver como balcões limpos e utensílios simples podem melhorar nossos dotes culinários. Depois, vamos fazer uma pausa para ir ao banheiro e, enquanto estivermos lá, vamos aproveitar para deixar aquele ambiente chique como um spa. Vamos simplificar nossa própria rotina de cuidados pessoais para ficarmos deslumbrantes com o mínimo de trabalho possível.

Claro, não podemos nos esquecer de despensas, porões e garagens. As coisas nesses cômodos podem até ficar um pouco fora do nosso campo de visão, mas nem por isso podemos nos esquecer delas. Depois de pegar pesado nessas despensas, a bagunça não vai ter mais onde se esconder! Também vamos passar um tempo falando sobre presentes, relíquias de família e lembrancinhas. Depois de ver como essas criaturas entram nas nossas vidas, vamos desenvolver algumas formas criativas de nos livrarmos delas.

Mas e as outras pessoas que moram conosco? Quando o assunto é bagunça, os membros da família raramente são meros espectadores. Vamos explorar maneiras de lidar com as coisas *deles* e torná-los parceiros no processo de arrumação. Não importa se você está atolado em roupas de bebê, brinquedos de criança ou tralhas de adolescente; você vai achar dicas para todas as idades. Vamos inclusive aprender formas de guiar um parceiro relutante rumo ao caminho minimalista.

Por fim, vamos entender que ser minimalista nos torna cidadãos melhores e nos ajuda a conservar os recursos do planeta para as gerações futuras. Vamos encarar o verdadeiro impacto de nossas decisões de consumo, examinando o custo humano e ambiental das coisas que compramos, e descobrir as vantagens de se ter uma vida leve e graciosa na Terra. A melhor parte: vamos descobrir que economizar espaço no guarda-roupa e salvar o mundo andam de mãos dadas.

Está pronto para se livrar da bagunça de uma vez por todas? Vire a página para sua primeira dose de filosofia minimalista; em alguns minutos, você vai estar a caminho de uma vida mais simples, regrada e serena.

PARTE UM
FILOSOFIA

IMAGINE QUE SOMOS GENERAIS A CAMINHO DA BATALHA ou atletas antes de um grande jogo: para obter o melhor desempenho, precisamos nos preparar mentalmente para os desafios que nos esperam. Nas páginas a seguir, vamos revelar nosso segredo para o sucesso: uma mentalidade minimalista.

Esta parte do livro é sobre atitude. Antes de assumirmos o controle sobre as nossas coisas, precisamos mudar a relação que temos com elas. Vamos defini-las, ver o que elas são e o que não são e examinar seus efeitos em nossas vidas. Esses princípios irão facilitar o desapego e impedir que novas coisas entrem pela nossa porta. Mais importante: vamos entender que as coisas existem para nos servir, e não o contrário.

1
Veja suas coisas pelo que elas são

Olhe ao redor: são grandes as chances de que haja pelo menos vinte ou trinta objetos em seu campo de visão. Que coisas são essas? Como chegaram aí? Para que elas servem?

Está na hora de vermos nossas coisas pelo que elas são. Precisamos nomeá-las, defini-las e acabar com o mistério que as cerca. O que são exatamente esses objetos que gastamos tanto tempo e energia para adquirir, manter e armazenar? E como foi que se multiplicaram assim? (Será que se reproduziram enquanto a gente dormia?)

De modo geral, podemos dividir nossas coisas em três categorias: coisas úteis, coisas bonitas e coisas afetivas.

Vamos começar pela categoria mais fácil: as coisas úteis. Nada mais são do que os itens práticos e funcionais que nos auxiliam a realizar tarefas. Alguns são fundamentais para a sobrevivência; outros facilitam um pouco a vida. É tentador pensar que *todas* as nossas coisas são úteis — mas você já leu um livro sobre técnicas de sobrevivência? Seria um exercício e tanto para esclarecer quão pouco realmente precisamos para seguir vivendo: um abrigo simples, roupas para regular a temperatura corporal, água, comida, alguns recipientes e utensílios para cozinhar. (Se isso é tudo que você possui, pode parar de ler agora; se não, venha com a gente e segure-se!)

Além do imprescindível, existem objetos que, embora não sejam necessários à sobrevivência, ainda assim são muito úteis: camas, lençóis, computadores, chaleiras, pentes, canetas, grampeadores, luminárias, livros, pratos, garfos, sofás, extensões de fio, martelos, chaves de fenda, espanadores — acho que deu para entender. Tudo o que você usa com frequência e que realmente agrega valor à sua vida é bem-vindo em um lar minimalista.

Ah, mas lembre-se: para ser útil, um objeto precisa ser *utilizado*. Essa é a pegadinha: a maioria das pessoas tem muitas coisas *potencialmente úteis* que simplesmente ficam sem uso. Coisas repetidas são um ótimo exemplo: quantos potes de plástico que você tem na despensa são de fato utilizados? Você realmente precisa de uma furadeira reserva? Outras coisas definham porque são muito complicadas ou difíceis de limpar: é o caso dos processadores de alimento, dos aparelhos de fondue e dos umidificadores. Existem também os itens das categorias "por via das dúvidas" e "posso precisar disso mais tarde", que ficam esquecidos no fundo das gavetas, à espera da estreia. Esses são os objetos com os dias contados.

Misturadas às coisas úteis estão aquelas que não têm função prática, mas que satisfazem um tipo diferente de necessidade: nós gostamos de olhar para elas. Simples assim. Ao longo da história, os seres humanos se sentiram compelidos a embelezar seus ambientes — como evidenciam as pinturas rupestres paleolíticas e os quadros pendurados acima do sofá.

A apreciação estética é parte importante da nossa identidade e não deve ser ignorada. O brilho de um vaso bonito ou as linhas elegantes de uma cadeira moderna podem trazer satisfação profunda a nossas almas; esses objetos, portanto, têm todo o direito de fazer parte da nossa vida. A advertência: eles devem ser respeitados e honrados com um lugar de destaque em nossas casas. Se a sua coleção de cristal de Murano está juntando pó numa prateleira — ou, pior, guardada na despensa —, ela não é nada além de uma bagunça colorida.

Quando estiver fazendo o inventário das suas posses, não dê passe livre a tudo o que for artístico. Só porque alguma coisa chamou sua atenção numa feira de arte, isso não significa que ela merece morar para sempre na estante da sua sala de estar. Por outro lado, se aquilo sempre coloca um sorriso no seu rosto — ou se a harmonia visual da peça traz à sua alma uma compreensão mais profunda da beleza da vida —, o lugar desse objeto na sua casa é merecido.

Ora, se todas as coisas em nossas casas fossem divididas em bonitas ou úteis seria fácil. Mas, sem sombra de dúvida, você irá encontrar muitos objetos que não são nem um nem outro. Então, de onde eles vieram e por que estão aí? Noventa por cento das vezes, eles representam alguma memória ou ligação afetiva: a antiga porcelana da sua avó, a coleção de cachimbos do seu pai, o sarongue que você comprou na lua de mel. Eles nos recordam pessoas, lugares e acontecimentos que têm certa importância para nós. Muitas vezes, entram em nossa casa na forma de presentes, heranças ou lembrancinhas.

De novo: se o objeto em questão enche seu peito de alegria, exiba-o com orgulho e desfrute da presença dele. Se, por outro lado, você o guarda por um senso de obrigação (como se a sua tia Edna fosse se revirar no túmulo caso você passasse as xícaras de porcelana dela para a frente) ou para comprovar uma experiência (como se ninguém fosse acreditar que você visitou o Grand Canyon caso jogasse fora aquele globo de neve cafona), você precisa de um exame de consciência.

Ao andar pela casa, converse com suas coisas. Pergunte a cada objeto: "O que você é e para que serve?", "Como você entrou na minha vida?", "Eu te comprei ou te ganhei de presente?", "Com que frequência você é usado?", "Eu te substituiria se te perdesse ou você quebrasse, ou ficaria aliviado por te jogar fora?", "Eu te queria antes de te possuir?". Seja sincero nas respostas: você não vai magoar os sentimentos das suas coisas.

Ao longo das perguntas, é provável que você se depare com duas subcategorias de itens, uma das quais é "coisas de outras coisas". Você entende o que quero dizer — algumas coisas simplesmente acumulam outras pela própria natureza: acessórios, manuais, limpadores, coisas que fazem parte de outras coisas, que servem para ligar coisas, guardar coisas ou consertar coisas. Existe um grande potencial de organização aqui: livrar-se de uma coisa pode gerar uma série de descartes!

A segunda subcategoria é a de "coisas de outras pessoas". Essa é complicada. Talvez com exceção de seus filhos (pequenos), sua autoridade sobre as coisas dos outros é bem limitada. Se estivermos falando daquele caiaque que seu irmão pediu para você guardar no porão — e que não veio buscar há quinze anos —, você tem todo o direito de cuidar do assunto por conta própria (depois, claro, de dar um telefonema solicitando a retirada imediata). No entanto, a pilha de utensílios ligados ao hobby do seu parceiro ou os video games antigos do seu filho adolescente requerem uma atitude mais diplomática. Com sorte, sua arrumação se tornará contagiosa e, como consequência, as outras pessoas cuidarão de suas próprias coisas.

Por enquanto, ande pela casa e examine suas coisas: esse objeto é útil, aquele outro é bonito, aquele lá é de outra pessoa (moleza!). Não se preocupe em arrumar nada ainda; logo iremos para essa parte. Claro, se por acaso você se deparar com algo inútil, feio ou inidentificável — vá em frente, adiante-se e desapegue!

2
Você não é aquilo que possui

Ao contrário do que os publicitários querem que você acredite, *você não é aquilo que possui*. Você é você, e as coisas são as coisas; nenhuma alquimia física ou matemática pode alterar esses limites, mesmo que um anúncio de página inteira na revista ou um comercial inteligente tente convencê-lo do contrário.

No entanto, às vezes caímos nas armadilhas da publicidade. Por isso, precisamos considerar mais uma subcategoria para os objetos que possuímos: "coisas de aspiração". São coisas que compramos para impressionar os outros ou para agradar nosso "eu de mentirinha" — aquela pessoa, dez quilos mais magra que você, que viaja pelo mundo, vai a festas badaladas ou toca numa banda de rock, se é que você me entende.

Pode ser difícil admitir, mas muitas de nossas posses costumam ser adquiridas para projetar certa imagem. É o caso dos automóveis, por exemplo. É perfeitamente possível satisfazer a necessidade de transporte com um carro simples que nos leve do ponto A ao B. Por que pagaríamos o dobro (ou mesmo o triplo) do preço por um carro de "luxo"? Porque os fabricantes de carro pagam muito caro para que as empresas de publicidade nos convençam de que os carros são projeções de nós mesmos, de nossa personalidade e de nossa posição no mundo corporativo ou na hierarquia social.

E é óbvio que isso não para por aí. A compulsão para que nos identifiquemos com bens de consumo tem um impacto profundo em nossa vida — atinge desde a escolha da casa até as coisas que colocamos dentro dela. Muita gente concorda que uma casa pequena e simples satisfaz de sobra nossa necessidade de abrigo (ainda mais se comparada às moradias dos países em desenvolvimento). No entanto, o *marketing do desejo* afirma que "precisamos" de uma suíte enorme, um quarto para cada filho, um banheiro para cada um do casal e uma cozinha com utensílios de nível profissional; o contrário é sinal de que não "chegamos lá". A metragem vira um símbolo de status, e, naturalmente, são necessários mais sofás, cadeiras, mesas, bibelôs e outras coisas para equipar uma casa maior.

As propagandas também nos estimulam para que nos definamos por meio de nossas roupas — e, de preferência, roupas de marca. O nome do estilista estampado na etiqueta não torna os tecidos mais quentes, as bolsas mais duráveis ou as vidas mais glamorosas. Além disso, tudo o que é tendência costuma sair de moda poucos minutos depois da compra — deixando o guarda-roupa abarrotado de peças datadas que torcemos para que um dia voltem à moda. Na verdade, a maioria das pessoas não precisa ter um guarda-roupa de celebridade, já que nossas roupas e acessórios nunca serão alvo de comentários ou de atenção generalizada. Mesmo assim, os publicitários tentam nos convencer de que vivemos sob os holofotes — e de que devemos, portanto, nos vestir de acordo.

Não é fácil ser minimalista num mundo de mídia de massa. Os profissionais de marketing vivem nos bombardeando com a mensagem de que o acúmulo material é a medida do sucesso. Eles exploram o fato de que é muito mais fácil *comprar* status do que atingir status. Quantas vezes você ouviu que "quanto mais, melhor" ou "a roupa faz o homem"? A publicidade quer que acreditemos que mais coisas significam mais felicidade, quando, na verdade, mais coisas significam mais dor de cabeça e dívidas. O comércio de todas essas coisas é certamente vantajoso para alguém... mas não para nós.

Verdade seja dita: os produtos nunca vão nos transformar em quem não somos. Maquiagens caras não nos tornam supermodelos, jardins sofisticados não nos transformam em ativistas ecológicos e câmeras de última geração não nos fazem ganhar prêmios em concursos de fotografia. Mesmo assim, nos sentimos compelidos a comprar e a acumular coisas que contêm promessas: de nos fazer mais felizes, bonitos, inteligentes, amados, organizados, capazes, melhores pais ou maridos.

Mas pense assim: se essas coisas ainda não cumpriram suas promessas, talvez seja hora de se livrar delas.

Da mesma forma, bens de consumo não substituem a experiência. Não precisamos de uma garagem cheia de equipamentos de camping, artigos esportivos ou brinquedos de piscina se o que de fato buscamos é passar férias agradáveis com a família. Renas infláveis e montanhas de presentes não tornam um Natal feliz; mas juntar nossos entes queridos, sim. Acumular pilhas de novelos de lã, livros de receita e material de artesanato não nos torna tricoteiras prendadas, chefs requintados ou gênios criativos. As atividades propriamente ditas — e não os seus materiais — são essenciais para nosso prazer e desenvolvimento pessoal.

Também somos compelidos a nos identificar com coisas que pertencem ao nosso passado, numa tentativa de provar quem fomos ou o que realizamos. Quantos de nós ainda guardam uniformes escolares, blusões de moletom, troféus de natação ou anotações da época da faculdade que jamais serão úteis de novo? Justificamos o ato de guardar essas coisas como evidência de nossas realizações (como se tivéssemos de vasculhar as antigas provas de cálculo para provar que passamos na disciplina). No entanto, esses objetos costumam estar enfiados em caixas em algum lugar, sem provar nada a ninguém. Se é esse o caso, pode ser a hora de se libertar dessas relíquias do seu antigo eu.

Ao examinarmos as coisas com um olhar crítico, pode ser surpreendente perceber quantas delas celebram nosso passado, representam nossas esperanças para o futuro ou pertencem a eus imaginários. Infelizmente, dedicar tanto espaço, tempo e energia a elas nos impede de viver no presente.

Às vezes temos receio de que nos livrar de determinados itens equivaleria a nos livrar de parte de nós mesmos. Não importa se raramente tocamos violino ou se aquele vestido de festa nunca tenha sido usado — no momento em que os abandonamos, perdemos a chance de nos tornar membros de uma orquestra ou socialites. E Deus nos livre de jogar fora o chapéu de formatura do ensino médio — será como se nunca tivéssemos conseguido o diploma.

Precisamos lembrar que nossas memórias, sonhos e ambições não estão guardados nos objetos, mas sim dentro de nós. Não somos aquilo que temos; somos o que fazemos, o que pensamos e as pessoas que amamos. Eliminando resquícios de passatempos que não nos deram prazer, de empreitadas incompletas e de fantasias não realizadas, abrimos espaço para novas (e *reais*) possibilidades. "Coisas de aspiração" são as bases de uma versão falsa de nossas vidas. Precisamos nos livrar do acúmulo para termos tempo, energia e espaço a fim de trazer nosso verdadeiro eu à tona e concretizar todo o nosso potencial.

3
Menos coisas = menos estresse

Pense na energia que você gasta com a posse de um único bem: planejando a compra, lendo críticas sobre ele, procurando o melhor preço, ganhando (ou tomando emprestado) o dinheiro para comprá-lo, indo à loja para fazer a aquisição, transportando-o até sua casa, encontrando um lugar para colocá-lo, aprendendo a usá-lo, limpando-o (ou limpando em volta dele), fazendo a manutenção, comprando peças extras, pondo-o no seguro, protegendo-o, tentando não quebrá-lo, consertando-o quando ele quebra e, às vezes, pagando as prestações mesmo depois de ter se desfeito dele. Agora multiplique isso pela quantidade de objetos que há na sua casa. Puxa! É realmente exaustivo!

Proteger todas as suas posses pode ser um trabalho em tempo integral. Tanto é que indústrias inteiras surgiram para nos ajudar a manter as coisas em ordem. Empresas giram fortunas nos vendendo produtos de limpeza especializados para cada item — detergentes para roupas, lustradores para talheres, ceras para móveis, sprays de ar comprimido para aparelhos eletrônicos e amaciantes para couro. O ramo dos seguros prospera com a possibilidade de que nossos carros, joias ou obras de arte possam ser danificados ou furtados. Chaveiros, empresas de alarme e fábricas de cofres prometem proteger as coisas de roubo. Técnicos estão à disposição para consertá-las quando quebram e caminhões de mudança estão prontos para juntá-las e levar tudo para outro lugar.

Com o tempo, o dinheiro e a energia que elas demandam, temos a sensação de que nossas coisas nos possuem — e não o contrário.

Vamos olhar mais de perto para quanto do nosso estresse pode ser atribuído aos objetos. Em primeiro lugar, nos estressamos por *não ter* coisas. Podemos ver algo na loja ou num anúncio e, de repente, imaginar como pudemos viver até agora sem aquilo. Nosso vizinho o tem, nossa irmã acabou de ganhá-lo de presente e nosso colega de trabalho o comprou na semana passada; ai, meu Deus, somos os únicos no mundo sem um? Começa a surgir um sentimento de privação...

Depois, nos estressamos com a aquisição da coisa. Infelizmente, não conhecemos ninguém que vá nos dar aquilo de graça, portanto teremos de comprá-la. Vamos de loja em loja (ou de site em site) para checar os preços e desejar que esteja em liquidação. Sabemos que não temos dinheiro para a compra naquele momento, mas queremos tê-la *agora*. Assim, juntamos o nosso parco dinheirinho, fazemos hora extra no trabalho ou passamos o cartão de crédito e torcemos para conseguir pagar as prestações depois.

Chega o glorioso dia em que finalmente compramos aquilo. Enfim ele é nosso! O sol brilha, os pássaros cantam e todo o estresse vai embora. É mesmo? Pense de novo. Agora que gastamos um bom dinheiro com a coisa, vamos ter de cuidar bem dela. Adquirimos não apenas um bem, mas também o peso de uma responsabilidade.

Precisamos tomar o cuidado de limpá-lo regularmente, já que o pó e a sujeira podem prejudicar seu funcionamento e diminuir sua vida útil. Precisamos mantê-lo longe do alcance das crianças e dos animais de estimação para que eles não o quebrem, destruam ou manchem. Parece loucura? Quantas vezes você já estacionou um carro novo no canto mais isolado de um estacionamento ou teve o dia arruinado ao descobrir um arranhão ou amassado novo? Como você se sentiu quando derramou molho de tomate em uma blusa cara de seda?

Nessa hora, quando algo dá errado — como sempre acontece —, nos estressamos por causa do conserto. Examinamos com cuidado o manual ou pesquisamos orientações na internet. Saímos para comprar as ferramentas ou as peças substitutas apropriadas para o conserto. Quando não conseguimos, levamos o objeto até a oficina. Ou adiamos porque não sabemos como (ou não queremos) lidar com aquilo. Ele fica esquecido no canto, em um armário ou na despensa, pesando em nossa consciência. Ou então nós nem o quebramos, só nos cansamos dele. Qualquer que seja o caso, sentimos culpa e ficamos nervosos depois de gastar tanto tempo e dinheiro. E então vemos outro anúncio e ficamos encantados por outra coisa completamente diferente, que é ainda mais interessante do que a última. Ah, não, lá vamos nós de novo...

Temos a impressão de que o dia nunca rende o suficiente — e talvez a culpa seja de nossas coisas. Quantas preciosas horas passamos usando lavadoras a seco, quantos sábados foram sacrificados para trocas de óleo e consertos de carro, quantos dias de folga foram desperdiçados consertando ou fazendo a manutenção de coisas (ou esperando a chegada do técnico)? Com que frequência nos angustiamos (ou damos bronca nos filhos) por causa de um vaso quebrado, um prato lascado ou manchas de lama no tapete da sala? Quanto tempo não gastamos comprando lavadoras, peças e acessórios para as coisas que já temos?

Pare um pouco e relembre os tempos felizes e despreocupados da faculdade. Não é mera coincidência que essa tenha sido a época em que tivemos a menor quantidade de coisas. A vida era muito mais simples: sem hipoteca, sem prestações do carro, sem seguro da lancha. Aprender, viver e se divertir era muito mais importante do que nossas posses. O mundo era pacífico e tudo era possível! Ora, é *essa* alegria que podemos recuperar como minimalistas. Precisamos apenas pôr nossas coisas no devido lugar para que elas não exijam uma parcela homérica de nossa atenção.

Isso não significa que precisamos alugar quitinetes ou mobiliar tudo com caixotes de feira e sofás de segunda mão. Em vez disso, por enquanto, vamos imaginar que temos *metade* da quantidade atual de coisas. Nossa, já seria um alívio enorme! São 50% a menos de trabalho e preocupação! Cinquenta por cento a menos de limpeza, manutenção e consertos! Cinquenta por cento a menos de dívidas no cartão de crédito! O que vamos fazer com todo esse tempo e dinheiro extras? Ah, você já teve uma ideia, não é? Estamos começando a enxergar a beleza de sermos minimalistas.

4
Menos coisas = mais liberdade

E se lhe apresentassem uma oportunidade maravilhosa e única na vida, mas você tivesse de atravessar o país em três dias para aproveitá-la? Você ficaria entusiasmado e começaria a fazer planos? Ou pensaria na sua casa, preocupado em como encaixotar tudo a tempo? Entraria em desespero com a ideia de transportar suas coisas por milhares de quilômetros (ou, pior, acharia isso completamente absurdo)? Será que acabaria concluindo que não vale o esforço, que você está "acomodado" aqui e que talvez, mais para a frente, surja outra oportunidade?

Sei que a pergunta a seguir parece loucura, mas será que as suas coisas teriam o poder de prendê-lo a um lugar? Para muitos de nós, é bem provável que a resposta seja "sim".

As coisas podem funcionar como âncoras. Elas nos fixam e nos impedem de explorar novos interesses e desenvolver talentos. Elas podem atrapalhar nossos relacionamentos, o sucesso profissional e o tempo com a família. Podem sugar nossa energia e nosso espírito de aventura. Você já evitou uma visita porque sua casa estava bagunçada demais? Já perdeu um jogo de futebol do seu filho porque estava fazendo hora extra a fim de pagar as prestações do cartão de crédito? Já deixou passar uma viagem para um lugar exótico porque não tinha ninguém para "cuidar da casa"?

Olhe para as coisas à sua volta no cômodo em que está agora. Imagine que cada um desses itens — cada objeto pessoal — está ligado a você por uma corda. Alguns estão presos a seus braços, outros à sua cintura e outros a suas pernas. (Se quiser ser mais dramático, visualize correntes no lugar de cordas.) Agora tente se levantar e dar uma volta com todas essas coisas se arrastando e ressoando atrás de você. Não é fácil, hein? Acho que você não vai conseguir chegar muito longe nem fazer muita coisa. Vai logo desistir, voltar a se sentar e se dar conta de que é preciso muito menos esforço para ficar onde está.

Da mesma forma, bagunça demais também pode pesar no humor. É como se todos os objetos tivessem seu próprio campo gravitacional e estivessem nos puxando constantemente para baixo e para trás. Podemos nos sentir literalmente pesados e letárgicos num cômodo abarrotado, cansados e preguiçosos demais para nos levantar e fazer alguma coisa. Compare isso com um ambiente limpo, iluminado e com poucos móveis — num espaço assim, nos sentimos leves e cheios de possibilidades. Sem o peso de todos os pertences, sentimo-nos com energia e prontos para tudo.

Com isso em mente, podemos nos sentir tentados a fingir uma arrumação rápida e criar a *ilusão* de um espaço organizado. É só dar uma passada na loja de departamento, comprar algumas caixas bonitas e criar um cômodo minimalista instantâneo. Infelizmente, o simples ato de enfiar tudo em gavetas, cestas e latas não resolve o problema: a máxima "o que os olhos não veem o coração não sente" não funciona aqui. Mesmo coisas escondidas (seja no armário do corredor, lá na despensa ou num depósito do outro lado da cidade) continuam pesando em nosso coração. Para nos libertarmos mentalmente, precisamos nos livrar de verdade das coisas.

Algo mais a se considerar: além de nos comprimir fisicamente e nos sufocar psicologicamente, as coisas também nos escravizam em termos financeiros, através das dívidas que adquirimos para pagar por elas. Quanto mais devemos, mais insones são as noites e mais limitadas as nossas oportunidades. Não é nada agradável levantar toda manhã e ir se arrastando para um trabalho de que não gostamos a fim de pagar por coisas que não temos, não usamos nem queremos mais. É possível pensar em muitas outras coisas que preferiríamos estar fazendo! Além disso, se esgotamos nosso salário (e mais um pouco) em bens de consumo, secamos os recursos para outras atividades mais gratificantes, como fazer aulas de artesanato ou investir num negócio novo.

Viajar é uma analogia perfeita da liberdade inerente a um estilo de vida minimalista. Pense em como seria chato carregar duas ou três malas pesadíssimas durante as férias. Faz séculos que você está ansioso para essa viagem e, quando desembarca do avião, mal pode esperar para explorar as paisagens. Não tão rápido — antes você precisa esperar (e esperar e esperar) que as malas apareçam na esteira de bagagem. Depois, precisa arrastá-las pelo aeroporto. É provável que você siga direto para o ponto de táxi, porque manobrá-las no metrô seria quase impossível. E nem pense em tentar pegar lugar no city tour que está começando — você *tem* de ir primeiro ao hotel e se livrar desse fardo gigantesco. Quando você finalmente chega lá, desmaia de cansaço.

O minimalismo, por outro lado, o deixa ágil. Imagine viajar apenas com uma mochila leve — a experiência é definitivamente revigorante. Você chega ao destino, desce do avião e passa pela maré de gente esperando pela bagagem. Depois entra no metrô, pega um ônibus ou anda em direção ao hotel. No caminho, experimenta todas as visões, sons e aromas de uma cidade estrangeira, com o tempo e a energia para saborear tudo. Você tem a liberdade e a flexibilidade de um pássaro para se movimentar por aí — pode levar a mochila a museus e a pontos turísticos e guardá-la num armário quando for preciso.

Diferente do primeiro cenário, você começa com tudo e passa a tarde vendo as paisagens em vez de arrastar suas coisas de um lado para o outro. Chega ao hotel energizado por sua experiência e pronto para outra.

Quando não estamos mais acorrentados às nossas coisas, podemos saborear a vida, nos relacionar com outras pessoas e ser participativos em nossa comunidade. Ficamos abertos a experiências e mais capazes de reconhecer e aproveitar as oportunidades. Quanto menos bagagem carregamos (tanto física como mentalmente), mais podemos viver!

5
Desapegue-se das suas coisas

Mizuta Masahide, discípulo do famoso poeta de haicais Bashô, escreveu:

Desde que minha casa pegou fogo
Tenho uma vista melhor
Da lua nascente.

Essa sim é uma pessoa desapegada das suas coisas!

Mesmo sem precisar chegar a tais extremos, seria bom se cultivássemos uma noção parecida de desapego. Desenvolver essa postura vai facilitar (e muito!) a organização da casa — sem falar em como alivia a dor de quando as coisas são tiradas de nós por outros meios (como roubos, enchentes, incêndios ou empresas de cobrança).

Portanto, vamos passar este capítulo fazendo exercícios mentais para enfraquecer o poder das coisas sobre nós. Para atingir nossos objetivos, vamos precisar nos alongar, nos aquecer e entrar em forma para a tarefa que vem aí. Nas próximas páginas, vamos fortalecer nossos músculos minimalistas — e ganhar a força e a flexibilidade psicológica necessárias para um embate contra nossas coisas.

Vamos começar com algo fácil para nos animar: imaginemos a vida sem nossas coisas. Essa é fácil — nem precisamos imaginá-la, podemos apenas nos lembrar dela.

Muitos se recordam da juventude como uma das épocas mais felizes e despreocupadas da vida, por mais que morássemos numa caixa de fósforo (às vezes com mais duas ou três outras pessoas) e tivéssemos pouca renda disponível. Por mais que não pudéssemos comprar roupas de marca, relógios caros ou equipamentos eletrônicos. Todas as nossas posses cabiam em algumas poucas caixas e não precisávamos nos preocupar com o conserto do carro, a manutenção da casa ou mesmo em ir à lavanderia. As poucas coisas que possuíamos vinham em segundo plano em relação à nossa vida social. Éramos livres de responsabilidades!

Você acha que essa liberdade é coisa do passado? Não necessariamente. Muitos têm a chance de reviver uma vida "livre de coisas" uma ou duas vezes por ano — quando tiram férias. A palavra inglesa *vacation*, por exemplo, vem do latim *vacare*, que significa "estar vazio". Não é de admirar que gostamos tanto de fugir de tudo!

Pense na última vez que acampou, por exemplo. Você carregou na mochila tudo aquilo de que precisava para seu conforto e sobrevivência. Preocupou-se pouco com a aparência e se contentou muito bem com as roupas que carregou nas costas. Cozinhou o jantar numa panela portátil, sobre uma fogueira ao ar livre, e comeu com um prato, um copo e um garfo, nem um pouco chique. Sua barraca, o mais simples dos abrigos, o manteve quente e seco. Suas mínimas posses estavam em sincronia com suas necessidades, deixando-o com tempo de sobra para relaxar e comungar com a natureza.

Assim, por que precisamos de tanto a *mais* quando voltamos para a vida "real"? Bom, na verdade, não precisamos — e é esse o objetivo destes exercícios. Vamos reconhecer que muitas das coisas que nos cercam não são imprescindíveis para nossa saúde e nossa felicidade.

Agora que você relaxou, vamos passar de nível: finja que vai morar no exterior. Mas nem pense em ligar para a empresa de aluguel de depósitos da sua cidade — essa é uma mudança definitiva. Você não pode simplesmente guardar as coisas à espera do seu retorno. Além disso, transportar objetos pelo globo é complexo e caro; portanto, você vai ter de reduzi-los ao indispensável.

Examine o que há em sua casa e decida exatamente o que irá levar. Sua velha guitarra detonada entraria na lista? E sua coleção de bichinhos de cerâmica? Você dedicaria o precioso espaço de carga à blusa feia que ganhou três Natais atrás, aos sapatos que apertam os pés depois de quinze minutos de uso ou à pintura a óleo que herdou, mas de que nunca gostou? Claro que não! Não é ótimo? É incrível a quantidade de coisas de que podemos nos desfazer quando surge uma "justificativa"!

Certo, agora que você entrou no clima, vamos enfrentar uma mais difícil: é madrugada e você é acordado pelo som agudo do alarme de incêndio. Minha nossa! Você só tem alguns minutos — talvez segundos — para decidir o que vai salvar enquanto corre para fora de casa.

Sem dúvida você terá pouca chance de tomar decisões aqui e vai precisar se basear em seus instintos. Se tiver tempo, talvez você pegue alguns documentos importantes, o álbum de fotos de família e, quem sabe, o laptop. O mais provável, porém, é que tenha de sacrificar todas as coisas para salvar você, sua família e seus animais de estimação. Nesse momento, você não vai ligar nem um pouco para todas aquelas *coisas* que tanto consumiram sua atenção no passado.

Ufa! Vamos parar um pouco depois dessa para diminuir o ritmo dos batimentos cardíacos. Na verdade, vamos diminuí-los muito, mas muito mesmo... até que parem de vez. Como assim?

Por mais que odiemos pensar nisso, o tempo que temos na Terra vai acabar um dia, e infelizmente isso pode ocorrer inclusive antes do esperado. E o que vai acontecer depois? As pessoas vão bisbilhotar todas as nossas coisas. Nossa! Que bom que não estaremos aqui, porque sem dúvida isso nos deixaria muito envergonhados.

Goste ou não, as coisas que deixamos para trás se tornam parte do nosso legado — e imagino que nenhum de nós queira ficar para a história como um acumulador de tralhas. Você não prefere ser lembrado como alguém que levava uma vida leve e elegante, que conseguia viver com o básico e alguns itens especiais?

Tire um tempo para catalogar mentalmente o seu "espólio". Que história as suas coisas contam sobre você? Tomara que não seja: "Caramba, ela gostava muito de caixas de pizza" ou "Que estranho, não sabia que ele colecionava calendários velhos". Faça um favor aos seus herdeiros e não os obrigue desocupar uma casa cheia de bagunça depois que você se for. Caso contrário, quando olhar lá de cima, é provável que veja estranhos apalpando suas "preciosidades" num enorme "família vende tudo".

Certo, prometo, chega de drama — este é um livro feliz! A questão é que um choque que nos tire de nossa rotina (seja durante as férias, seja um desastre natural) ajuda a colocar as coisas em perspectiva — e, nesse último caso, é muito melhor imaginar do que de fato passar pelo desastre. Esses cenários nos ajudam a ver que, no quadro geral, nossas coisas não são nada importantes e, com isso em mente, podemos enfraquecer o poder que elas exercem sobre nós, tornando-nos prontos (e dispostos) a deixá-las para trás.

6
Seja um bom porteiro

O escritor e designer britânico William Morris é autor de uma das minhas citações minimalistas preferidas: "Não tenha nada em sua casa que você não considere útil ou bonito". Trata-se de uma ótima proposição, mas como exatamente a colocamos em prática? Afinal, não trazemos coisas inúteis ou feias para os nossos lares de propósito; no entanto, sabe-se lá como, alguns itens indesejáveis aparecem de alguma forma. A solução: temos de ser bons porteiros.

É bem simples, na verdade. As coisas entram na nossa vida de duas maneiras: nós as compramos ou as ganhamos. É difícil admitir, mas elas não entram quando não estamos olhando, à procura de abrigo do mundo de fora. Não se materializam do nada, nem se reproduzem pelas nossas costas (exceto talvez os clipes de papel e os Tupperware). Infelizmente, a responsabilidade recai bem em cima dos nossos ombros: nós deixamos que elas entrem.

Ao avaliar suas posses, pergunte como cada objeto entrou em sua vida. Você o procurou, pagou por ele e o trouxe feliz para casa? Ele veio seguindo seus passos desde aquela conferência em Chicago ou aquela viagem para o Havaí? Ou entrou escondido sob o disfarce de embrulho colorido com um laço bonitinho?

Nossas casas são nossos castelos e dedicamos muito esforço para defendê-las. Passamos inseticida para impedir a entrada de insetos, usamos filtros de ar para afastar os poluentes e temos sistemas de segurança para barrar a entrada de intrusos. O que falta? Um bloqueador de coisas para impedir a entrada de bagunça! Como ainda não encontrei um produto desses no mercado (e, se surgir algum no futuro, lembre-se de que ouviu falar dele primeiro aqui), é preciso tomar as rédeas em nossas próprias mãos.

Claro que temos capacidade de exercer total controle sobre o que compramos. Não baixe a guarda quando algo aparecer no seu carrinho — na verdade, não leve nenhum item para o caixa sem antes questionar bastante. Pergunte o seguinte (mentalmente!) a cada compra em potencial: "Você merece um lugar na minha casa?", "Que valor vai acrescentar ao meu lar?", "Você vai facilitar minha vida?", "Ou só vai me dar trabalho?", "Tenho um lugar para você lá?", "Vou querer continuar com você para sempre (ou, pelo menos, por um bom tempo)?", "Se não, vai ser muito difícil eu me livrar de você?". Esta última pergunta bastou para me impedir de trazer uma mala cheia de suvenires do Japão — porque, a partir do momento em que alguma coisa desperta lembranças, é quase impossível se livrar dela.

Viu? Não é tão difícil. Só precisamos parar e pensar "por quê?" antes de comprar. Mas e aquelas coisas que não *escolhemos* adquirir — e que muitas vezes nem desejamos? (Presentes, brindes, itens promocionais: estou falando de vocês!) Pode ser difícil (ou deselegante) recusá-los; mas, depois que eles conquistam espaço em nossa casa, pode ser ainda mais difícil evitá-los.

A melhor defesa é um bom ataque, especialmente no caso de brindes. Aprender a recusá-los com educação é uma técnica valiosa, que vem a calhar com mais frequência do que você pensa. Recuse os ímãs, as canetas e os pesos de papel com logos corporativos e aceite um cartão de visitas no lugar deles. Recuse as amostras de perfume e cosméticos no shopping (ei, espere, o que você está fazendo no shopping?), assim como as de sabonete no supermercado. Rejeite o faqueiro quando for fazer seus móveis planejados e peça o equivalente em desconto (vale a pena tentar!). E, custe o que custar, deixe aquelas loçõezinhas, xampus e condicionadores nos hotéis aos quais eles pertencem. A menos que pretenda *usá-los* de verdade, não permita que essas miniaturas (por mais fofas que sejam) se acumulem em armários e gavetas.

Presentes, por outro lado, exigem uma estratégia diferente. Quando você recebe um, recusá-lo não é, em geral, uma opção. Eu prefiro aceitá-los com elegância, sem exagerar na gratidão (porque, se você fizer muito alarde, certamente irá receber outros!). Devemos concentrar nossos esforços em evitar novos — recusando-nos a participar de trocas de presentes, por exemplo — e em lidar com os que nós recebemos, mas não desejamos. Vamos percorrer esse terreno enganoso em detalhes no capítulo 28.

Para ser um bom porteiro, você precisa pensar em sua casa como um espaço sagrado, não como um espaço de depósito. Você não tem obrigação de dar abrigo a todo objeto perdido que estiver em seu caminho. Quando um deles entrar de mansinho, lembre-se de que você tem o poder de negar sua entrada. Se o objeto não agregar valor à sua vida em termos de funcionalidade ou beleza, pendure a placa de "Desculpe, não há vagas". Uma recusa simples e direta vai poupar muita organização mais para a frente.

7
Um abraço no espaço

Espero que você goste de citações, porque vou começar com mais uma das minhas favoritas: "Música é o espaço entre as notas". Interpreto as palavras do compositor Claude Debussy da seguinte forma: a beleza exige certo vazio para ser apreciada — caso contrário, teremos somente caos e cacofonia.

Para os nossos fins, vamos acrescentar um toque minimalista a essa ideia e dizer: "A vida é o espaço entre as nossas coisas". Bagunça demais pode sufocar a criatividade e tornar nossas vidas dissonantes. Por outro lado, quanto mais espaço temos, mais bela e harmoniosa pode ser a vida.

Espaço: não é nada, mesmo, mas parece que nunca temos o suficiente. A falta dele nos perturba bastante; na verdade, faríamos quase de tudo para ter mais espaço em casa, mais espaço no guarda-roupa e mais espaço na garagem. Lembramo-nos de ter tido grandes quantidades em algum momento do passado e seu desaparecimento é motivo de preocupação. Olhamos confusos ao redor e nos perguntamos: "Onde foi parar todo o espaço?".

Temos boas memórias do primeiro dia em que nos mudamos para nossa casa; ah, todo aquele espaço maravilhoso! Mas o que aconteceu? Não é mais nem um pouco impressionante como a nossa lembrança. Bom, o espaço não foi a lugar nenhum. Ele ainda está ali onde o deixamos. O espaço não mudou; nossas prioridades sim. Prestamos tanta atenção às coisas que esquecemos por completo do espaço, sem perceber que os dois são mutuamente excludentes — a cada coisa nova que trazemos para casa, um pouco de espaço desaparece. O problema: damos mais valor às nossas coisas do que ao nosso espaço.

E aqui vem a boa notícia: por mais que seja fácil perder o espaço, é também muito fácil recuperá-lo. Livre-se de um objeto e *voilà*: espaço! Livre-se de outro objeto e *voilà*: mais espaço! Logo mais todos esses espacinhos somados se transformarão em um espaço grande, e aí poderemos voltar a circular normalmente. Aproveite todo o espaço recém-encontrado e faça uma dancinha da vitória!

O que precisamos ter em mente (e é muito fácil esquecer isso) é que a quantidade de coisas que conseguimos possuir é limitada pela quantidade de espaço em que podemos guardá-las. É pura física. Não adianta enfiar, apertar, empurrar ou puxar; nada vai mudar esse fato. Você pode lacrar as coisas em sacos a vácuo "mágicos" se quiser, mas mesmo eles vão ter de ficar em algum lugar. Assim, se você mora num apartamento pequeno ou não tem muitos armários, não pode levar muitas coisas para casa. E ponto final.

Da mesma forma, não precisamos ocupar todo o espaço disponível. Lembre-se, o espaço vale tanto quanto as coisas (senão mais, dependendo do ponto de vista). Se você mora numa casa de trezentos metros quadrados, não *precisa* adquirir trezentos metros quadrados de coisas. Se tiver a sorte de possuir um closet, não *precisa* encher todos os centímetros dele. Não mesmo! Na verdade, você vai viver e respirar com muito mais conforto se não o fizer.

Conversamos um pouco sobre a importância dos recipientes na introdução e de como eles têm um grande potencial quando estão vazios. Quando queremos tomar um chá, precisamos de uma xícara vazia para servi-lo. Quando queremos fazer uma refeição, precisamos de uma panela vazia em que possamos cozinhar. Quando queremos treinar nossos passos de tango, precisamos de uma sala vazia para dançar.

Do mesmo modo, nossa casa é um recipiente da vida doméstica. Quando queremos relaxar, criar ou nos divertir com a família, precisamos de um espaço vazio para fazê-lo. Outra possibilidade é pensarmos em nossa casa como um palco em que a peça de nossa vida é representada. Para uma boa atuação, devemos ser capazes de nos mover e de nos expressar de maneira livre; definitivamente não é nada divertido (e muito menos elegante) ficarmos tropeçando no cenário.

Também precisamos de espaço para nossas ideias e pensamentos — uma sala bagunçada costuma levar a uma mente desorganizada. Digamos que você esteja sentado no sofá, lendo um livro ou ouvindo música, e que um pensamento muito profundo passe por sua mente: você pode ter uma compreensão súbita da natureza humana ou estar a ponto de descobrir o sentido da vida. Você está refletindo bastante, resolvendo os mistérios da humanidade, e de repente seu olhar pousa na pilha de revistas na mesa de centro ou na máquina de costura quebrada no canto. "Humm, preciso muito resolver isso", você pensa, "Será que dá tempo antes do jantar...?" Sua mente faz um desvio imediato e sua linha de pensamento se perde — e, da mesma forma, o seu legado como um grande filósofo.

Claro, você não precisa incorporar Aristóteles para valorizar um ambiente sem bagunça. Mesmo atividades de caráter mais mundano se beneficiam muito de espaço e claridade; por exemplo, é muito mais fácil dar atenção ao namorado ou ao filho pequeno quando não se tem um milhão de quinquilharias ao redor que confundem e distraem.

Na verdade, essa é a melhor coisa sobre o espaço: ele coloca as coisas (e pessoas) que nos são verdadeiramente especiais sob a luz de um holofote. Se você tivesse um quadro muito bonito, não o espremeria entre outros objetos de decoração — você o penduraria sozinho, com espaço suficiente a seu redor para exibi-lo. Se tivesse um vaso requintado, não o enterraria sob uma pilha de tralhas — você o colocaria num pedestal. Precisamos tratar o que é importante para nós com o mesmo respeito; o que, na prática, significa remover todas as outras coisas que não são importantes.

Ao criar espaço em nossa casa, redirecionamos o foco para onde ele deveria estar: no que fazemos, e não no que possuímos. A vida é curta demais para gastarmos energia com objetos. Afinal, quando estivermos velhos e grisalhos, não ficaremos nostálgicos pelas coisas que tivemos, mas sim pelo que fizemos nos espaços entre elas.

8
Aproveite sem possuir

E se lhe oferecessem a *Mona Lisa* — mas com a condição de que você nunca pudesse vendê-la? Claro, você teria a oportunidade de admirar um quadro deslumbrante 24 horas por dia, mas, de uma hora para a outra, a responsabilidade por um dos maiores tesouros da humanidade recairia sobre seus ombros. Não seria uma tarefa simples mantê-lo seguro contra roubo, livre de pó e de sujeira, protegido da luz do sol e armazenado na temperatura e na umidade ideais. Sem dúvida, você também teria de lidar com um fluxo constante de amantes da arte querendo ver o quadro. O mais provável é que todo o prazer que você obtivesse pela posse fosse usurpado pelo peso do cuidado e da manutenção. É provável que não demorasse muito para que o sorriso misterioso deixasse de ser encantador.

Pensando bem, obrigado, mas não, obrigado — vamos deixá-lo no Louvre mesmo!

Na sociedade moderna, somos incrivelmente sortudos por ter acesso a muitas obras-primas da humanidade — e, claro, sem que tenhamos de adquiri-las ou de cuidar delas. As cidades são fontes tão impressionantes de arte, cultura e entretenimento que não precisamos criar imitações artificiais delas entre quatro paredes.

Aprendi essa lição anos atrás, quando tinha acabado de sair da faculdade. Eu havia estudado história da arte e trabalhado em meio período numa galeria de arte contemporânea. Visitei dezenas de exposições, li dúzias de monografias e me via como uma grande especialista. Assim, quando tive a oportunidade de adquirir uma gravura de um artista famoso, fiz a transação o mais rápido possível. Foi um grande passo na minha juventude — eu estava a caminho de me tornar uma colecionadora de arte.

O prazer da aquisição diminuiu um pouco quando me deparei com a responsabilidade (e o custo) de enquadrar a gravura de forma adequada. Depois, precisei resolver o problema de onde exibi-la. Naturalmente, eu não tinha parado para pensar se uma obra de arte moderna combinaria com o meu apartamento antiguinho. Nem tinha considerado questões como iluminação, brilho e campo de visão. No fim, me decidi por um lugar de honra em cima da lareira. Embora conflitasse um pouco com o ladrilho vintage, eu queria que a gravura fosse a peça central da decoração (afinal, ela tinha sido bem cara!).

Depois que resolvi essas questões, finalmente pude parar para admirar meu tesouro. Imagine qual não foi a minha surpresa quando, um belo dia, avistei um enorme inseto preto, bem no meio da minha preciosa gravura! Não consegui entender como ele tinha entrado embaixo do vidro da moldura profissional, mas não havia nada que eu pudesse fazer senão deixá-lo lá.

Mesmo assim, eu a exibia com orgulho — e embrulhei-a e carreguei-a comigo com cuidado quando me mudei. O contrato do meu novo apartamento proibia quadros na parede, então a gravura conquistou um novo posto menos glamoroso no chão. Depois de muitas mudanças de lugar, fui perdendo o entusiasmo para arrastá-la de um lado para o outro e para encontrar onde colocá-la. Ela passou cinco anos coberta por plástico-bolha e enfiada num armário até que finalmente a vendi. A partir de então, decidi deixar a arte aos cuidados dos museus e desfrutar dela em meu tempo livre.

Na verdade, encontrar formas de "aproveitar sem possuir" é um dos segredos de uma casa minimalista. Por exemplo: aquelas máquinas de cappuccino que juntam pó no armário da cozinha. Em tese, parece conveniente (e um tanto quanto decadente) poder fazer uma xícara fumegante de café cremoso no conforto do lar. No entanto, é trabalhoso retirar, montar e limpar a geringonça quando terminamos, e, além disso, a bebida nunca parece ter um gosto muito bom. Sabe-se lá por quê, ela é menos *especial* quando podemos tê-la a qualquer momento. Depois de brincar de barista algumas vezes, nos damos conta de que é mais prazeroso ir ao café do bairro e desfrutar de seu ambiente aconchegante enquanto tomamos nossa bebida.

Ao buscar um estilo de vida minimalista, precisamos resistir à tentação de recriar o mundo exterior dentro de casa. Em vez de comprar equipamentos para montar um home theater, uma academia caseira ou um quintal com cara de resort, por que não ter uma noite divertida no cinema, fazer uma caminhada ou então ir ao parque do seu bairro? Assim, você poderá aproveitar essas atividades quando sentir vontade — sem precisar armazenar e cuidar de todas aquelas coisas.

Se você acha que tem a tendência de comprar coisas "bonitinhas", repita seu novo mantra "Aproveite sem possuir" quando for às compras. Admire a delicadeza de bibelôs de vidro, o metal trabalhado de um bracelete antigo ou as cores vibrantes de um vaso artesanal — mas, em vez de levá-los para casa, deixe-os na vitrine. Pense nisso como um passeio ao museu: uma oportunidade de admirar a beleza e o design de objetos bem-feitos, sem a possibilidade (ou a pressão) da posse. Eu faço o mesmo quando vejo coisas bonitas na internet e, para ser sincera, fico tão satisfeita em apenas olhar para as imagens quanto ficaria em possuir as peças.

Na luta para nos tornarmos minimalistas, precisamos reduzir a quantidade de coisas em casa que exigem cuidado e atenção. Felizmente, temos muitas oportunidades para fazer isso — é simples: basta transferir alguns de nossos prazeres e atividades para a esfera pública. E essa ação gera um efeito colateral maravilhoso. Quando vamos a parques, museus, cinemas e cafés em vez de tentar recriar experiências parecidas dentro de casa, nos tornamos cidadãos melhores, muito mais ativos socialmente. Ao derrubar os muros de objetos ao nosso redor, podemos sair para o mundo e desfrutar de experiências mais revigorantes, mais diretas e mais recompensadoras.

9
O prazer do suficiente

O filósofo chinês LaoZi, autor do *Tao te ching*, escreveu: "É rico aquele que sabe que tem o suficiente".

Suficiente — conceito escorregadio esse. O que é suficiente para um é pouco para outro e demais para um terceiro. A maioria de nós concorda que tem comida, água, roupas e refúgio suficientes para atender às necessidades básicas. E todos que estão lendo este livro provavelmente acham que têm coisas suficientes. E por que sentimos a necessidade de comprar e possuir *mais*?

Vamos investigar a palavra "suficiente" com um pouco mais de atenção. O dicionário a define como "adequado para a vontade ou a necessidade; o bastante para o propósito ou para satisfazer o desejo". Ah, aí está o problema: ainda que tenhamos satisfeito nossas necessidades, resta a questão dos desejos e vontades. Para sentirmos o prazer do "suficiente", é nele que precisamos focar. No fundo, é bem simples: felicidade é querer aquilo que se tem. Quando seus desejos são satisfeitos pelas coisas que você tem, não há necessidade de adquirir mais. Mas as vontades podem ser incômodas e, para controlá-las, precisamos entender o que as move.

Vamos imaginar que vivemos no meio do nada, sem acesso à televisão ou à internet e sem assinaturas de revistas ou jornais. Podemos levar uma vida simples, mas estamos perfeitamente satisfeitos com aquilo que temos. Estamos aquecidos, bem alimentados e protegidos

dos fenômenos da natureza. Em poucas palavras, temos o suficiente. Então, um belo dia, uma família constrói uma casa ao lado da nossa; ela é maior e cheia de outras coisas. Nosso suficiente não parece mais tão suficiente. Nisso, outras famílias se mudam para lá, com todo tipo diferente de casas, carros e coisas; caramba, nunca soubemos quantas coisas nós *não* tínhamos! Uma conexão por satélite nos traz a tv e a internet, e passamos a espiar a vida luxuosa dos ricos e famosos. Continuamos tendo as mesmas posses de antes — com as quais, até então, nos sentíamos perfeitamente satisfeitos —, mas, agora, não conseguimos deixar de nos sentir necessitados.

O que aconteceu? Tornamo-nos vítimas do clássico dilema da "grama do vizinho". De repente, não estamos medindo nosso "suficiente" em termos objetivos (nossa casa é suficiente para a nossa família?), mas sim em termos relativos (nossa casa é tão bonita, grande ou nova quanto a do vizinho?). Pior ainda é que o problema se complica porque o padrão sempre muda: quando chegamos ao padrão do vizinho, nos focamos no vizinho seguinte. Temos de admitir: *sempre* vai haver alguém que tem mais do que nós. Portanto, a não ser que acreditemos na possibilidade de nos tornarmos as pessoas mais ricas do mundo, é muito fútil definir nossa "riqueza" com base na de outras pessoas. O engraçado é que nem mesmo os bilionários são imunes ao fenômeno; todos sabem que eles tentam superar uns aos outros no tamanho de seus iates. Se o contentamento com as coisas é inalcançável mesmo nas classes mais altas, então *de que ele adianta?*

A verdade é que depois que atendemos as nossas necessidades básicas, a felicidade tem pouco a ver com a quantidade de coisas que possuímos. A partir desse ponto, a pouca utilidade (ou satisfação) que resulta do consumo de outros bens diminui rapidamente e, atingindo o que os economistas chamam de "ponto de saciedade", pode se tornar negativa. (Talvez esse seja o motivo pelo qual você está lendo este livro!) É por isso que "mais" nem sempre nos satisfaz — e, em alguns casos, nos torna ainda menos felizes. Portanto, a prática consumista de tentar ser melhor do que o outro é um jogo ingrato; os únicos vencedores são as empresas que vendem os produtos. Seríamos pessoas mais felizes, relaxadas e satisfeitas de verdade se nos dissociássemos completamente dessa incessante busca por "mais".

Cultivar uma postura de gratidão leva a um estilo de vida muito mais minimalista. Se reconhecermos a abundância em nossa vida e valorizarmos aquilo que temos, não vamos desejar mais. Nós precisamos apenas focar no que temos, e não naquilo que não temos. Para fazer comparações, precisamos olhar globalmente, e não apenas localmente; precisamos olhar não só para o alto da pirâmide, mas também para a base. Por mais que nos sintamos desfavorecidos em relação aos mais ricos de nosso país, vivemos como reis em comparação a muitos outros ao redor do mundo.

Eu costumava me sentir insatisfeita porque minha casa tinha apenas um banheiro. Que inconveniente quando a natureza chama e outra pessoa está tomando banho! Que constrangedor ter de dividi-lo com os hóspedes! Até que, um belo dia, caiu em minhas mãos um livro maravilhoso: *Material World: a Global Family Portrait* [Mundo material: Um retrato familiar global], de Peter Menzel. Ele apresentava famílias "comuns" de todo o mundo, fotografadas diante de suas casas e com todas as suas posses em volta delas. Se você já se sentiu minimamente desfavorecido, folheie esse livro — ele abre os olhos para o quão pouco algumas pessoas possuem. Isso mudou a minha perspectiva a respeito da relativa "riqueza" que possuo e me fez ver a sorte que tenho por ter um só banheiro que seja!

Agora que compreendemos melhor a nossa posição no mundo (e não apenas em comparação às celebridades ou aos vizinhos), vamos concluir a discussão sobre o "suficiente" com um pequeno exercício. É muito simples; você só vai precisar de papel e caneta (ou de um computador, se preferir). Está pronto? Ande pela casa e faça uma lista de tudo o que possui. Sei que você está olhando incrédulo para esta página, mas não, não estou brincando. Faça uma lista de todos os livros, pratos, garfos, camisetas, sapatos, lençóis, canetas, quinquilharias — em resumo, de todos os objetos — que habitam sua casa. Muito difícil? Tente reduzir para apenas um quarto, então. Ainda assim você não consegue? Que tal só uma *gaveta*? É impressionante, não? *E você continua achando que não tem o suficiente?*

10
Viva com simplicidade

    Atribui-se a Mahatma Gandhi a seguinte máxima: "Viva com simplicidade para que os outros possam simplesmente viver". Essa verdade pode ser o maior incentivo para todos se tornarem minimalistas.

    Agora que estamos pensando globalmente, vamos considerar o seguinte: dividimos o mundo com mais de 7 bilhões de pessoas. O espaço e os recursos são finitos. Como podemos garantir que exista comida, água, terras e energia suficientes ao redor do mundo? *Não utilizando mais do que o necessário*. Porque a cada "extra" que utilizamos, outra pessoa (agora ou no futuro) terá de ficar sem. Esse "extra" pode não melhorar muito o *nosso* bem-estar, mas, para outra pessoa, ele pode ser uma questão de vida ou morte.

    Precisamos entender que não vivemos no vácuo — as consequências de nossas ações repercutem no mundo. Você continuaria deixando a torneira aberta enquanto escova os dentes se isso significasse que outra pessoa vai passar sede? Continuaria dirigindo um carro que consome muita gasolina se soubesse que a escassez de petróleo causaria pobreza e caos? Continuaria tendo uma casa enorme se presenciasse os efeitos do desmatamento? Se entendêssemos como o nosso estilo de vida causa impacto em outras pessoas, talvez vivêssemos de maneira mais leve.

    Nossas decisões como consumidores têm um custo ambiental. Todo objeto que adquirimos, seja ele comida, livros, televisores ou carros, gasta parte da riqueza da Terra. E além da energia e dos recursos naturais exigidos na produção e na distribuição desses objetos, seu descarte também é motivo de preocupação. Queremos mesmo que nossos netos vivam em meio a lixões gigantescos? Quanto menos precisarmos para viver, melhor será para todos (e para o nosso planeta). Portanto, devemos reduzir drasticamente o consumo e dar preferência a produtos e embalagens feitos com materiais mínimos, biodegradáveis ou recicláveis.

Nossas compras também afetam outras pessoas. É triste, mas a terceirização em escala global transferiu a produção para locais em que a mão de obra é barata e as regulamentações, escassas. Sempre que compramos algo, precisamos considerar onde e por quem ele foi fabricado. Pessoas do outro lado do mundo não deveriam sofrer sob condições de trabalho injustas, perigosas ou desumanas para que possamos comprar mais uma calça jeans — tampouco o ar ou os rios delas deveriam ser poluídos para que possamos ter um sofá novo. Precisamos procurar objetos cuja produção enriqueça as vidas e as comunidades das pessoas que os fabricaram.

Claro que é praticamente impossível calcular o impacto humano e ambiental de cada objeto que adquirimos. Devemos nos educar da melhor maneira possível, mas pode levar meses para que consigamos reunir as informações necessárias para uma única compra. Felizmente, podemos tomar um atalho e minimizar nossos rastros de consumo pessoal: comprando de produtores locais, comprando de segunda mão e comprando menos.

Comprar de produtores locais traz muitas vantagens éticas, ambientais e econômicas. Em primeiro lugar, a chance de que esses produtos tenham sido fabricados sob condições de trabalho justas e humanas é muito maior. Em segundo, eliminar o transporte de longa distância economiza quantidades enormes de energia. Produtos que atravessam apenas alguns quilômetros são muito mais benevolentes com o planeta. E, por fim, ajudamos a apoiar negócios locais que compartilham dos mesmos valores que nós, criam empregos locais e investem na sociedade.

Comprar itens de segunda mão nos permite obter coisas de que precisamos sem exercer mais pressão sobre os recursos da Terra. Por que desperdiçar material e energia num objeto novo sendo que um existente vai bastar? Em vez de ir ao shopping, compre móveis, eletrodomésticos, aparelhos eletrônicos, roupas, livros, brinquedos e outras coisas de segunda mão. Brechós, classificados e sites como Mercado Livre (www.mercadolivre.com.br), OLX (www.olx.com.br) e Enjoei (www.enjoei.com.br) são fontes valiosas de objetos usados em perfeito estado. Orgulhe-se de ser o segundo (ou terceiro ou quarto) proprietário de algo; trata-se de uma forma econômica e ecológica de atender às suas necessidades.

Por fim, comprar menos é o alicerce do estilo de vida minimalista. Limitar as compras ao essencial é a melhor maneira de limitar o impacto do nosso consumo. Ao fazê-lo, podemos garantir que, como indivíduos, seremos responsáveis por menos esgotamento de recursos, menos sofrimento humano e menos desperdício. Se realmente não precisamos de outra blusa ou de outro par de sapatos, não vamos comprar apenas por estarem na moda. Vamos pensar nos recursos empregados para produzi-los, nas fábricas em que foram feitos, no custo do transporte deles pelo globo e no futuro impacto de seu descarte. Vamos basear as decisões de compra em nossas necessidades e no ciclo de vida completo de um produto — e não porque gostamos da cor ou o vimos em uma propaganda.

Um bônus: essa filosofia nos ajuda a atingir outros objetivos minimalistas; afinal, ao reduzir nosso consumo para salvar o mundo, nossas salas ficam mais limpas, serenas e organizadas!

PARTE DOIS
OS DEZ PASSOS

AGORA QUE CRIAMOS UMA MENTALIDADE MINIMALISTA, estamos prontos para colocar uma nova atitude em prática. O que vem a seguir resume o método dos dez passos: técnicas infalíveis para livrar nossas casas da bagunça e mantê-las assim. São técnicas fáceis de usar e de lembrar — cada uma representa um passo no processo de organização. Quando tivermos essas técnicas na manga seremos imbatíveis!

1. Recomece
2. Tralha, Tesouro ou Transferência
3. Um motivo para cada objeto
4. Cada coisa em seu lugar
5. Todas as superfícies vazias
6. Módulos
7. Limites
8. Entra um, sai outro
9. Restrinja
10. Manutenção diária

11
Recomece

A parte mais difícil de qualquer tarefa é saber por onde começar. Ao olharmos nossas casas, vemos pilhas de coisas em toda parte — nos cantos, nos armários, nas gavetas, nas cômodas e nas estantes. Podemos também ter coisas escondidas na despensa, na garagem e em depósitos; e, mesmo longe dos olhos, elas definitivamente não estão longe do coração. Se você se sente sobrecarregado, não se desespere — você não está sozinho.

Às vezes parece que só uma força extrema da natureza irá eliminar a tralha de nossas casas. Infelizmente, porém, pôr um fim na bagunça não acontece de modo instantâneo; é algo em que precisamos trabalhar devagar e de forma deliberada. Mas aqui vai a boa notícia: quando entramos no clima, vamos nos aperfeiçoando e, acredite ou não, acaba sendo divertido!

A verdade é que nada me preparou para a adrenalina que senti quando joguei o primeiro saco de coisas no lixo. O que eu imaginava ser uma tarefa entediante e muito trabalhosa acabou se revelando emocionante. Eu me viciei na hora. Organizava de manhã, organizava à tarde, organizava nos fins de semana, organizava nos meus sonhos (juro!). Quando não estava organizando de fato, planejava de qual bagunça eu me livraria depois. A sensação que eu tinha ao arrumar tudo era única; era como se pudesse sentir o peso físico sendo retirado dos meus ombros. Depois que fiquei especialmente produtiva, dava voltas no espaço recém-liberado com um grande sorriso no rosto. (Não disse que seria divertido?)

Antes de começar, vamos lembrar do dia em que nos mudamos para nossa casa ou apartamento. Nós passeamos pelos cômodos vazios, imaginando como seria a vida entre suas paredes. Que sensação maravilhosa a de saborear o espaço antes que as caixas fossem abertas! Era uma linda tela em branco, vazia e cheia de potencial, pronta para ser personalizada com nosso toque especial. Nós nos deliciamos com a ideia de uma tábua rasa — que oportunidade magnífica de começar do zero e fazer as coisas do modo certo!

Prometemos desencaixotar lenta e metodicamente, encontrando o lugar especial de cada objeto e nos livrando de tudo o que não se encaixasse ali. Ficamos ansiosos para colocar tudo na mais perfeita ordem. Mas nisso a vida interveio: tivemos de começar um trabalho novo, aprontar os filhos para a escola, receber visitas ou decorar a sala para um open house. Tivemos de pôr as coisas de lado rapidamente, para que não atrapalhassem nossa rotina diária, e não tivemos tempo de avaliar o valor de cada objeto específico. Fizemos o possível para guardar as coisas e jogamos as caixas vazias no quartinho da bagunça.

Bom, essa é nossa chance de Recomeçar. Não vamos desocupar a casa ou jogar tudo o que há dentro dela no quintal. Vamos apenas reencenar o dia da mudança — mas, agora, vamos separar um tempinho e dividir essa tarefa colossal em pequenas partes. Vamos orquestrar um novo começo para cada espaço da casa. Vamos escolher uma única parte de cada vez — um cômodo inteiro ou uma simples gaveta — e recomeçar do zero, como se voltássemos ao dia em que nos mudamos.

O segredo para Recomeçar é *tirar tudo* da parte escolhida. Se for uma gaveta, vire-a de cabeça para baixo e jogue todo o seu conteúdo no chão. Se for um guarda-roupa, tire tudo até que cabides, gavetas e prateleiras fiquem vazios. Se for uma caixa de material de artesanato, esvazie-a todinha. Enfrentar um cômodo inteiro de uma só vez é um pouco mais difícil, pois será preciso pôr em algum lugar tudo aquilo que você retirar — o cômodo ao lado é o mais conveniente para que você ande menos e não tenha de subir e descer as escadas ao guardar as coisas. Se não for possível, considere usar a varanda, o quintal ou a despensa como área de depósito temporária, e tenha em mente que o esforço necessário para guardar as coisas de volta no cômodo em questão pode ser seu único impedimento.

Não sei se enfatizei o suficiente a importância de esvaziar *completamente* a área em que você for trabalhar. Ficamos tão acostumados a certas coisas em determinados lugares que é como se elas tivessem adquirido o direito de ficar ali (mereçam elas ou não). É tentador pensar: "Ah, eu sei que essa coisa vai acabar ficando, então vou deixá-la aí por enquanto e trabalhar em volta dela — de que adianta tirá-la se vou colocá-la de volta?".

Não, tire *tudo*, todos os objetos, sem exceção. Às vezes, basta ver um item fora de seu lugar habitual — e perceber como o cômodo fica ótimo sem ele — para que sua perspectiva sobre o objeto mude completamente. A poltrona quebrada que está no canto de sua sala de estar desde que você se entende por gente parece ter dominado o espaço — ela é como um membro da família e parece traição (ou até um pecado) tirá-la dali. Mas quando ela estiver no quintal, banhada pela luz do dia, não passará de uma velha poltrona quebrada e esquecida. Quem gostaria de trazer uma coisa dessas para dentro de casa? Ainda mais agora que o canto em que ela ficava está tão limpo e espaçoso...

Organizar é muito mais fácil quando se pensa nisso como uma decisão sobre o que manter em vez de uma decisão sobre o que jogar fora. É por isso que Recomeçar — esvaziar tudo, depois trazer as coisas de volta uma a uma — é tão eficaz. Você escolhe aquilo que realmente ama e necessita, e é muito mais divertido selecionar coisas a serem apreciadas do que coisas a serem jogadas fora. Um curador num museu de arte começa com uma galeria vazia e escolhe as melhores obras com as quais embelezará o espaço. Bom, Recomeçar faz de nós os curadores de nossas casas. Vamos decidir que objetos melhoram nossas vidas e colocá-los de volta no nosso espaço.

Lembre-se de que as coisas das quais escolhemos nos cercar contam a nossa história. Vamos torcer para que ela não seja "Decidi viver no passado" ou "Não consigo terminar os projetos que inicio". Em vez disso, foquemos em "Vivo de maneira leve e graciosa, apenas com os objetos que acho funcionais ou bonitos".

12
Tralha, Tesouro ou Transferência

Agora que desalojamos nossas coisas precisamos vasculhar tudo e decidir o que fazer com elas. Vamos separá-las em três categorias: Tralha, Tesouro e Transferência. Para a primeira, pegue um saco de lixo grande e resistente (ou um menor se estiver trabalhando numa única gaveta). Para as outras, use caixas, lonas ou que for conveniente para a área com que estiver lidando.

Deixe também uma caixa extra à mão — ela vai ser chamada de Dúvidas Temporárias. À medida que for separando as coisas, você encontrará algumas que não sabe se quer guardar, mas ainda não está pronto para lhes dizer adeus. Talvez precise de um pouco mais de tempo para pensar. Não vai ser nada bom se esses objetos traiçoeiros tirarem você do clima ou diminuírem seu ritmo — dessa forma, se não consegue tomar uma decisão rápida sobre alguma coisa, coloque-a na caixa por enquanto. Depois você pode voltar a ela e colocá-la em uma pilha definitiva.

Verdade seja dita, é bem provável que você termine com uma caixa cheia de Dúvidas, mesmo depois de pensar mais um pouco. Nesse caso, lacre a caixa e escreva a data nela com caneta permanente. Você irá deixá-la num local provisório: na despensa, na garagem ou no fundo de um armário. Se depois de seis meses (ou até um ano) você não a tiver aberto para pegar nada, leve-a à instituição de caridade de sua preferência. Essa caixa só deve ser usada como último recurso, e não como desculpa para evitar decisões difíceis. A questão não é poupar esses objetos, mas sim poupar o seu *espaço* de objetos de que não sabe se precisa.

Vamos começar pela Tralha: essa é fácil. Jogue fora tudo o que for claramente lixo, como embalagens de alimentos, roupas manchadas ou rasgadas, cosméticos e remédios fora da validade, comida estragada, canetas que não funcionam, calendários, jornais e panfletos velhos, folhetos de propaganda, garrafas e caixas que não podem ser reutilizadas e todo objeto quebrado que não possa ser consertado ou que não valha a pena consertar. Se não for bom o bastante para doar para o Exército da Salvação, por exemplo, seu lugar é nessa pilha.

Sei que você sabe que quando eu digo "jogue fora", na verdade quero dizer "se possível, recicle". Por mais fácil que seja jogar tralhas no lixo, precisamos pensar no meio ambiente. Acho que nenhum de nós quer ser responsável por algo que vai permanecer num aterro pelos próximos cem anos. Por isso, pense no seu carma e recicle o que for possível: muitos locais reciclam papelão, papel, vidro, metal e alguns tipos de plástico. Claro, antes de jogar algo fora, avalie se pode ser útil para outra pessoa; se sim, coloque-o na pilha de Transferência. É sempre melhor mandar alguma coisa para um bom lar do que para um aterro ou um centro de reciclagem — ainda que isso exija um pouco mais de tempo e esforço. Precisamos assumir a responsabilidade por todo o ciclo de vida das coisas que compramos, inclusive por seu descarte adequado. Fique atento a essas questões quando for às compras da próxima vez — é uma forma bem eficaz de controlar compras impulsivas.

A pilha de Tesouro é para os itens com os quais você vai ficar e deve fazer jus ao nome: coloque nela as coisas que você estima de verdade, seja pela beleza, seja pela funcionalidade. Se você não usa algum objeto há mais de um ano, essa pilha provavelmente não é seu lugar. Considere doá-lo a alguém que faça melhor uso ou, se acha tão difícil abrir mão dele, coloque-o na caixa de Dúvidas Temporárias. Não queremos dedicar nosso valioso espaço para coisas pouco usadas; queremos guardá-lo para as coisas boas! O mesmo vale para bibelôs, colecionáveis e outros objetos de decoração: se você não os exibe com orgulho numa posição de destaque e se não sente um prazer sincero com a presença deles, mande-os para um novo lar, onde irão receber a atenção que merecem.

Por fim, vamos discutir a pilha de Transferência. Esse é o lugar de todos os objetos em perfeito estado que não servem mais para *você*. Não se sinta culpado por deixá-los; liberte-os e lhes dê uma vida nova. Acima de tudo, resista ao impulso de ficar com alguma coisa só porque você talvez possa "precisar" dela um dia — se ainda não precisou, é provável que nunca precise. Se por acaso precisasse, você conseguiria encontrá-la rapidamente? Estaria em condições de uso? Ou você sairia para comprar uma nova? Se for fácil de obter ou substituir, é melhor deixar que outra pessoa a utilize agora do que mantê-la à disposição para um dia que talvez nunca chegue.

Enquanto estiver separando as coisas, divida a pilha de Transferência em duas partes: Doação e Venda. Seja generoso! Algo que está parado na sua casa, sem uso e sem amor, pode levar muita alegria para outra pessoa. Faça a diferença na vida de alguém e alimente o seu ego. Saber que você está fazendo o bem pode tornar muito mais fácil abrir mão das coisas. Outra opção é dar objetos pouco usados para alguém que vá usá-los mais que você — como sua serra elétrica para um vizinho marceneiro ou sua máquina de costura para a prima costureira —, com o acordo de que você possa pegá-los emprestado caso necessite.

Não se preocupe, você não precisa passar semanas colocando suas posses para adoção. Se não tiver tempo ou disposição para encontrar lares específicos para elas, instituições de caridade aceitam uma grande variedade de produtos. O Exército da Salvação, a Cruz Vermelha, instituições religiosas, abrigos para sem-teto ou vítimas de violência doméstica, bazares e centros de acolhida de idosos são bem equipados para distribuir as doações àqueles que mais precisam. Seus objetos descartados podem fazer muito bem para a comunidade: considere doar livros para a biblioteca pública do seu bairro, material de escritório para a escola dos seus filhos, itens de pet shop para um abrigo de animais e roupas para quem precisa.

Vender suas coisas é outra maneira eficaz de lidar com a ansiedade da separação. Às vezes é muito mais fácil desapegar de algo quando se consegue parte do seu custo de volta (quando não tudo). Na verdade, o dinheiro pode trazer mais alegria do que o objeto em si! Existe uma variedade de lojas para as quais você pode vender suas mercadorias, das mais tradicionais às mais tecnológicas. Se os seus desapegos forem em grande quantidade e de baixo valor, procure um sebo ou um brechó ou mande-os para uma loja de consignação. Para se desfazer de objetos mais específicos, colecionáveis ou caros, recorra à internet: tente os classificados on-line ou sites de leilão.

Agora que já definimos seu sistema de triagem e indicamos o que vai em cada lugar, você já pode começar a esvaziar algumas coisas. Mantenha o foco e organize a gaveta, o armário ou o cômodo escolhido para Recomeçar. Divirta-se com o processo — ponha uma música animada, dance em volta das pilhas e dê um beijinho de despedida em alguns dos desapegos! Depois que tiver designado cada objeto a uma categoria, as pilhas de Tralha e Transferência receberão uma passagem só de ida para fora da casa — e você estará bem perto de viver apenas com seus Tesouros.

13
Um motivo para cada objeto

À medida que for separando seus objetos, pare e questione cada um que segue para a pilha de Tesouros. Nada tem lugar garantido! Coloque seu uniforme de porteiro e interrogue cada objeto. Garanta que ele tenha um bom *motivo* para continuar fazendo parte da casa: é utilizado com frequência; facilita sua vida; é bonito; não tem um substituto à altura; é multifuncional; economiza seu tempo; está na família há décadas. O simples fato de ele ser um vira-lata pidão (a ecobag que veio seguindo seus passos desde aquela conferência profissional) ou um refugiado de outro lar (o aparelho de jantar que sua irmã empurrou para você) não garante a entrada. Ele deve trazer uma contribuição positiva para que seja autorizado a ficar.

Alguns objetos são fortes candidatos a continuar na casa, mas são idênticos (ou quase idênticos) a outra coisa que você possui. Como é que todas essas múltiplas versões vieram parar aqui? Em alguns casos, podem ter entrado na forma de presentes, mas em outros talvez sejam ser substitutos — em outras palavras, você comprou algo novo e mesmo assim ficou com o antigo. Comprou uma TV nova e colocou a velha no quarto; comprou uma mesa de jantar nova e guardou a anterior no porão; comprou sapatos novos e guardou o par velho e sujo para dias de chuva. Guarde o melhor e se livre do resto.

Outras coisas só são vendidas em quantidades absurdas: é o caso de clipes de papel, elásticos de dinheiro e grampos de cabelo. Algumas outras, como canetas, botões e alfinetes, parecem se multiplicar por conta própria. E sempre terminam seus dias esquecidas no fundo de uma gaveta, não importa o que aconteça. Mas eu garanto que há salvação: se você não se imagina usando milhares de clipes de papel ou centenas de alfinetes, fique com uma quantidade razoável deles e passe o resto adiante. Se você só precisa de um punhado, por que guardar uma montanha?

Depois de dar um jeito nos itens repetidos, interrogue os que sobraram. Ao analisar caso a caso, questione como o objeto é usado e com que frequência você precisa dele (se conseguir responder a essas duas perguntas, não perca tempo e coloque-os na pilha de Tesouro). Você fez uso dele este ano? Acha que vai usá-lo num futuro próximo? Ele deixa sua vida mais prática, mais bonita ou mais prazerosa? Como? É fácil de limpar ou de dar manutenção — e, em caso positivo, vale a pena o esforço? Seria difícil (ou caro) encontrar um substituto à altura? Se estivesse de mudança, compensaria levá-lo com você? Sua vida seria diferente se não o possuísse? E, por fim, faça a seguinte pergunta: o que vale mais, o item em si ou o espaço que ele ocupa?

Se tiver dificuldade para tomar decisões, recrute um amigo objetivo para lhe dar assistência. Explicar a outra pessoa o motivo pelo qual quer guardar alguma coisa pode ser difícil, esclarecedor... e, às vezes, um pouco vergonhoso! O que parece perfeitamente lógico em sua cabeça pode soar ridículo quando dito em voz alta. ("Posso precisar dessa estola de plumas se um dia fizer um bico como cantora de cabaré.") Além do mais, quando houver uma terceira pessoa presente, seu orgulho irá dar as caras — e será bem menos provável que você permita que algo velho e sujo permaneça. Mas nem pense em solicitar a ajuda de um amigo acumulador ou saudosista — a menos, é claro, que você consiga fazer com que ele leve embora alguns de seus objetos rejeitados!

Conforme determinamos o que pertence às nossas pilhas de Tesouro, devemos seguir o princípio de Pareto (também conhecido como princípio 80-20). Nesse contexto, ele significa que usamos 20% de nossas coisas durante 80% do tempo. Leia de novo, com mais atenção: *usamos 20% de nossas coisas durante 80% do tempo.* Isso significa que podemos viver com apenas um quinto de nossas posses atuais e quase não notar a diferença. Puxa vida! Vai ser mais fácil do que pensamos! Se quase nunca usamos a maioria de nossas coisas, não haverá problema em reduzi-las ao essencial. Tudo o que precisamos fazer é identificar os nossos "20%" e estaremos perto de nos tornar minimalistas.

14
Cada coisa em seu lugar

Um lugar para cada coisa e cada coisa em seu lugar. Memorize esse mantra, repita-o com frequência, cante-o em voz alta, recite-o enquanto dorme — ele é um dos princípios minimalistas mais importantes. Quando cada coisa que você possui tem um lugar garantido (de preferência uma gaveta, uma cristaleira ou uma caixa organizadora), objetos soltos não vão vagar pela casa nem se acumular na forma de bagunça. Com esse sistema em funcionamento, você vai conseguir facilmente localizar um item que não pertence ao cenário — e retirá-lo muito rápido de casa.

Ao designar um lugar para cada objeto, considere onde e com que frequência você o utiliza. Divida a sua casa em áreas. Num nível mais amplo, sua casa é dividida em cômodos, incluindo a área da cozinha, a área do banheiro, a área do quarto e a área de estar. Cada um deles pode ser subdividido em áreas menores: na cozinha, você tem áreas de limpeza, preparação e alimentação; no banheiro, áreas de cuidados pessoais e de limpeza; na sala de estar, áreas de televisão, hobbies e computador. O lugar ideal de um objeto depende da área em que você o utiliza e do quão acessível ele precisa estar.

O objeto em questão é usado uma vez por dia, por semana, por mês, por ano ou menos? A resposta determina se ele deve ficar no seu Círculo Próximo, no seu Círculo Distante ou no Estoque Oculto.

Vá para o centro de uma das áreas e estique os braços. Essa área ao seu redor representa o seu Círculo Próximo, o espaço destinado a objetos utilizados com frequência — escova de dente, laptop, talheres e roupas íntimas. Você precisa ter acesso fácil a essas coisas, sem se curvar, se esticar ou tirar outros objetos da frente para pegá-las. Essa medida não apenas as torna fáceis de achar e de usar, mas também fáceis de guardar. Lembra do princípio de Pareto? Pois bem, seu Círculo Próximo deve conter os 20% de coisas que você usa 80% do tempo.

Seu Círculo Distante é um pouco mais difícil de alcançar e deve ser reservado a coisas utilizadas com menos frequência. Ele inclui prateleiras mais altas e mais baixas, guarda-roupas fora de mão, armários altos e o espaço que há embaixo da cama. Use esses lugares para armazenar os estoques de produtos de higiene pessoal e limpeza da casa, as roupas pouco usadas, os papéis de presente, as panelas e os artigos de cozinha para pratos específicos e o sem-número de outras coisas que não fazem parte da rotina diária. Uma boa regra básica é: se essas coisas são usadas menos de uma vez por semana, mas mais de uma vez por ano, devem ficar no Círculo Distante.

O Estoque Oculto costuma ficar fora do espaço em que você vive e inclui despensas, porões e garagens. É lá que você armazena sua caixa de ferramentas, a decoração de Natal, a papelada antiga e os recibos de imposto, além de outras coisas que usa uma vez por ano ou menos. Entretanto, não faça do Estoque Oculto uma resposta para tudo o que não cabe em sua casa. Tente mantê-lo enxuto. Se você nunca usa ou olha para o objeto em questão, e ele não é um documento financeiro ou jurídico que precisa ser guardado indefinidamente, está na hora de lhe dar adeus. Às vezes, o melhor lugar para uma coisa é a casa de outra pessoa.

Tenha em mente que "um lugar para cada coisa" também se aplica a objetos decorativos. Se uma peça é muito especial para você, defina um lugar de destaque apropriado para exibi-la. Ela não merece ser posta de lado, empurrada e tirada do caminho, nem ter de brigar por uma posição de destaque num amontoado de bagunça. E, definitivamente, não deve ficar enfiada numa caixa no porão! Objetos de decoração servem para serem *vistos*; por isso, se está armazenando alguma dessas coisas (que não sejam decorações sazonais) longe dos seus olhos, está na hora de se questionar por que ainda a está guardando.

Depois que tiver designado um lugar para cada coisa, não se esqueça da segunda parte: sempre devolva cada coisa a seu lugar. De que adianta ter locais designados quando tudo fica espalhado pela casa? Para esse fim, convém etiquetar prateleiras, gavetas e caixas com seu conteúdo adequado. Assim, todos vão saber exatamente onde pôr cada coisa depois que tiverem terminado de usá-la — e você vai correr menos risco de encontrar o saca-rolhas enfurnado na gaveta de meias ou o grampeador aconchegado entre as assadeiras.

Faça com que você e sua família cultivem o hábito de guardar as coisas. Uma casa arrumada oferece menos lugares em que o acúmulo de bagunça possa se esconder. Pendure as roupas (ou coloque-as no cesto) depois de se trocar em vez de empilhá-las no chão ou numa cadeira. Devolva temperos, condimentos e talheres ao lugar deles em vez deixá-los sobre a pia. Guarde sapatos num local específico em vez de deixá-los espalhados pela casa. Devolva os livros às prateleiras e as revistas ao revisteiro. Ensine seus filhos a recolher e guardar os brinquedos.

Além disso, sempre que sair de um cômodo, junte todos os objetos espalhados e devolva-os ao lugar exato. Esse hábito simples leva pouco minutos por dia, mas faz uma diferença enorme no visual da casa. A bagunça é um ser social, não consegue ficar sozinha por muito tempo. Bastar deixar algumas peças soltas por um tempo e em breve elas terão posse do espaço por usucapião! Por outro lado, se as coisas sempre forem devolvidas a seus lugares, os objetos largados não terão onde se acomodar.

Tá, eu sei, alguns de vocês que têm um espaço de armazenamento menor do que o ideal devem estar sofrendo. Como poderão pôr cada coisa em seu lugar se não têm lugar suficiente para cada coisa? Não se desesperem — *vocês são os que têm mais sorte!* Quanto mais espaço temos para guardar nossas coisas, mais coisas tendemos a conservar — objetos de que nem sempre precisamos. Os que têm closets e gabinetes de sobra precisam criar motivação de sobra para organizá-los; vocês, por outro lado, têm uma vantagem ao mesmo tempo doce e amarga. Ter menos espaço é um ponto positivo, não negativo, e os coloca mais rápido no caminho do minimalismo.

15
Todas as superfícies vazias

    Superfícies horizontais são um ímã para a bagunça. Se você entrar pela porta da frente com as mãos cheias, garanto que aquilo que estiver segurando vai pousar na primeira superfície disponível. Extensões longas e planas são um convite irresistível para objetos desgarrados — dá quase para sentir sua força gravitacional!
    Olhe ao redor para as superfícies de sua casa. Há alguma coisa na mesa de jantar além de pratos, talheres e talvez um vaso? Sua mesa de centro está livre de objetos, além de alguma bebida ou lanchinho que esteja tomando? Suas mesas laterais abrigam algo além de abajures ou talvez o controle remoto? E a sua cama? Estão lá apenas os lençóis, os cobertores e os travesseiros que você vai usar esta noite? O balcão da sua cozinha está completamente vazio, pronto para o preparo da próxima refeição? Quanto da superfície da sua escrivaninha você ainda consegue ver?
    A menos que você já seja um minimalista evoluído convicto (ou uma dona de casa excepcionalmente boa), é provável que tenha algumas superfícies problemáticas. O problema pode se limitar a apenas uma área, como sua escrivaninha ou local de trabalho, mas pode também afetar todas as mesas e balcões de sua casa. Pode ser um fenômeno recente, causado pelos materiais do trabalho de artes dos seus filhos ou por uma pilha de papéis que você trouxe do escritório. Mas talvez o problema já esteja se acumulando há semanas, meses ou mes-

mo anos — a ponto de você nem se lembrar direito de como é a textura do tampo da sua mesa de jantar.

Você acha que não há nada de mais nisso? Bom, se não tivermos superfícies vazias, não teremos espaço para *produzir* nada. Superfícies vazias sãos cheias de potencial e possibilidades; é nelas que a magia acontece! Pense em todas as coisas que você não consegue fazer quando suas superfícies estão bagunçadas: não há espaço para preparar um delicioso jantar, não há espaço para sentarmos com a família para comer e não há espaço para jogarmos um jogo de tabuleiro depois. Não há lugar para organizar as contas, fazer a lição de casa ou curtir nossos hobbies. Em alguns casos, podemos não ter lugar nem para deitar ao fim do dia.

Não tema! Tudo aquilo de que precisamos para vencer a bagunça acumulada sobre nossas superfícies é uma nova postura, aderindo com fervor ao seguinte princípio: *superfícies não servem para armazenar*. Em vez disso, superfícies são destinadas a tarefas e devem ser mantidas livres o tempo todo. Ponha esse princípio minimalista em prática e você vai se surpreender com os resultados: sua casa não só vai parecer mais arrumada, organizada e serena como também vai ser infinitamente mais fácil de limpar.

Para chegarmos lá, precisamos mudar a maneira como pensamos nas superfícies — em especial, o modo como imaginamos suas propriedades físicas. Por natureza, superfícies são "atrativas"; elas são grandes, planas e totalmente capazes de oferecer repouso para os objetos. Depois que um objeto vai parar em cima de uma delas, é provável que fique lá por dias, semanas ou até mesmo meses. Às vezes ele fica lá por tanto tempo que nem o notamos mais. Nos acostumamos à sua presença e ele vira parte da paisagem. Depois outro objeto se junta a ele e assim vai... Antes de nos darmos conta, nossas superfícies deixam de ser lisas para se tornarem terrenos acidentados feitos de objetos que ficaram "presos" ali.

Em vez disso, precisamos imaginar que nossas superfícies são escorregadias. Se elas fossem lisas como gelo ou inclinadas em alguns graus, nada conseguiria permanecer sobre elas por muito tempo. Poderíamos até fazer nossas tarefas, mas tudo o que sobrasse sobre elas cairia no chão. Até alguém inventar um tampo de mesa minimalista "mágico" (e me pagar os direitos autorais por essa ideia incrível), vamos ter de *fazer de conta* que é assim que as superfícies funcionam. Ou seja: tudo o que colocarmos nas superfícies "deslizantes" virá conosco quando sairmos do cômodo. Se colocarmos uma xícara na mesa de centro, um livro na mesa lateral ou um projetinho "faça você mesmo" na mesa de jantar, nós precisamos pegá-los e levá-los conosco quando sairmos — e, claro, teremos de convencer os membros da família a fazer o mesmo.

As únicas exceções: os objetos cujo "lugar" é aquela superfície específica — como o vaso e o candelabro na mesa de jantar ou os abajures de leitura na mesa lateral. Essa permissão especial serve também para o controle remoto na mesinha de centro, o pote de biscoitos no balcão da cozinha e o despertador na mesa de cabeceira. No entanto, se você decidir manter esses objetos funcionais ou outros decorativos nas suas mesas, limite seu número — por exemplo, três objetos "permanentes" por superfície. Isso vai impedir que a bagunça se acumule nesses lugares.

Por fim, não se esqueça da maior superfície de todas: o piso! Ele representa um desafio em particular, especialmente por ser *tão grande*. Quando as mesas, armários e gavetas estão cheios — ou quando simplesmente não estamos a fim de guardar as coisas —, nossa tendência é empilhar tudo no chão. Não caia nessa tentação! O piso não tem nenhuma fronteira clara (afinal, nada vai cair dele); portanto, depois que as coisas pousam ali, elas tendem a se espalhar... e se espalhar... e se espalhar. Já estive em casas em que o piso era completamente soterrado, exceto por um trecho estreito para se andar pelo cômodo. Mal dá para se mover — que dirá fazer algo produtivo — num ambiente desses. Reserve seu piso para os pés e os móveis e o mantenha livre de todo o resto.

Depois que tivermos feito um esforço para tirar a bagunça das superfícies, precisamos de um grande incentivo para mantê-las assim. Quem quer refazer todo aquele trabalho ingrato? A maneira mais eficaz de deixá-las livres é criar o hábito de avaliá-las. Antes de sair de um cômodo ou de apagar as luzes, cheque as mesas, os balcões e o piso. Se não estiverem tão "desimpedidos" quanto deveriam estar, passe alguns minutos esvaziando-os. Essa ação simples e rápida ajuda (e muito!) a manter sua casa livre de desordem. Atenção a esta regra: se o cômodo está vazio, as superfícies também devem estar.

16
Módulos

Neste capítulo, vamos aprender uma técnica de organização valiosa que combate a bagunça, mantém as coisas sob controle e nos ajuda muito a atingir os nossos objetivos minimalistas.

Conversamos sobre áreas em um capítulo anterior, definindo-as de acordo com os cômodos (como cozinha, banheiro e quarto) e partes de cômodos (como áreas de televisão, hobbies e computador na sala de estar). A ideia era que todos os objetos pertencentes às atividades de determinada área residissem nela em vez de ficarem passeando ao léu pela casa. Depois fomos além e dividimos cada área em Círculo Próximo, Círculo Distante e Estoque Oculto, que abrangem, respectivamente, as coisas que usamos com frequência, às vezes e quase nunca.

Agora vamos organizar as coisas ainda mais, separando-as em "módulos". O conceito de módulos vem da engenharia de sistemas e significa basicamente dividir um sistema complexo em componentes menores específicos à tarefa. Um programa de computador, por exemplo, pode consistir em milhões de comandos. Para manter o controle sobre eles, os programadores os dividem em módulos — conjuntos de instruções relacionadas que realizam tarefas específicas. Assim, os comandos podem ser "armazenados" de maneira mais eficiente e movidos com facilidade pelo programa.

Bem, nossas casas são sistemas bastante complexos, com muitas coisas a ser armazenadas e controladas. Elas definitivamente podem se beneficiar de uma organização mais eficiente — por isso, vamos dar uma olhada no conceito de módulo e aprender com ele. Para nossos fins, um módulo é um conjunto de itens relacionados que realizam determinada tarefa (como pagar contas ou decorar um bolo). Para criá-los, vamos precisar reunir os objetos de funções semelhantes, eliminar o excesso e garantir que sejam fáceis de pegar e mover quando necessário. Resumindo: vamos ter de reunir, cortar e guardar nossas coisas.

O primeiro passo é reunir os objetos. Armazene todas as coisas parecidas (ou relacionadas) juntas: DVDs, cabos de extensão, clipes de papel, material de primeiros socorros, artigos de artesanato, ferramentas, fotos, temperos e mais; deu para termos uma ideia. Reunir as coisas facilita muito a tarefa de encontrá-las. Quando precisar de um curativo, você não terá de pôr abaixo o gabinete do banheiro para achá-lo: vá direto para o seu módulo de primeiros socorros. Quando quiser assistir ao seu DVD favorito, não será necessário vasculhar as prateleiras, inspecionar todos os quartos nem enfiar a mão embaixo do sofá para descobrir onde está: ele estará à sua espera no módulo de DVDs. Quando estiver procurando um parafuso de determinado tamanho para um conserto em casa, nem pense em se lançar em uma expedição pelo quartinho da bagunça: vá direto ao módulo de ferramentas apropriado e tire-o da pilha.

Mais importante ainda: reunir suas coisas mostra *o quanto você tem*. Quando você reúne todas as sessenta canetas esferográficas num único lugar, percebe que não precisa comprar mais uma. Tampouco vai esbanjar num novo par de brincos quando se deparar com os quinze outros que você já tem. Essa técnica é especialmente adequada para evitar o acúmulo de materiais de artesanato, que parecem crescer descontroladamente quando espalhados pela casa; na verdade, vê-los todos juntos pode lhe dar um pouquinho mais de noção. ("Por que fui comprar toda essa lã?") Ela também impedirá que você acabe trazendo para casa duplicatas de coisas que já possui. Quantas vezes você não saiu correndo para comprar alguma coisa e depois descobriu que tinha uma igual? A possibilidade de checar rapidamente o módulo apropriado pode eliminar muita bagunça e gastos desnecessários.

Agora vamos à tarefa que todos vocês, minimalistas emergentes, esperam: depois que tiver reunido todos os objetos similares, chegou a hora de cortá-los. Ao reunir, você sem dúvida se deparou com quantidades excessivas de determinados objetos. Restrinja-os ao que você de fato usa hoje e pode usar no futuro, pensando de maneira realista — poucos de nós vão precisar de todos os araminhos, hashis e fósforos escondidos em nossas gavetas. Livre algumas delas e ganhe espaço! Da mesma forma, qual a razão para manter todas as 63 canetas, sendo que dez já são mais do que suficientes? Considere quanto tempo leva para que uma caneta acabe: se cada uma delas dura seis meses, você tem um estoque para trinta anos — sendo que a maior parte terá secado quando você for colocá-las no papel. Analise suas coleções e mantenha apenas os favoritos. Aplique o mesmo princípio a meias, camisetas, canecas de café, potes de plástico, toalhas de mão e tudo o mais que possuir em abundância.

Por fim, depois de termos reunido e cortado os itens, precisamos guardá-los — esse passo impede que eles voltem a se espalhar pela casa. O recipiente pode ser uma gaveta, prateleira, caixa, lata de plástico, saco Ziploc... o que for adequado ao tamanho e à quantidade do conteúdo. Eu prefiro recipientes transparentes, porque podemos ver o que há neles sem abri-los. Se for usar os opacos, coloque uma etiqueta ou um código de cores para identificá-los com facilidade.

A vantagem de usar recipientes físicos é a sua portabilidade. Imagine que, enquanto assiste a um DVD com a família, você tem vontade de tricotar. É só pegar o módulo de tricô e estará pronto para começar. Quando tiver terminado, você vai sentir a pequena tentação de deixar os materiais na mesinha de centro; apenas ponha-os de volta na caixa e tudo estará arrumado instantaneamente. Se não tiver um espaço dedicado ao escritório, mantenha seu talão de cheques, calculadora, canetas e outros acessórios num módulo de escritório — e leve-o para a sala de jantar, cozinha ou outro espaço quando for pagar as contas. Ensine seus filhos a fazer o mesmo com os brinquedos, livros e jogos e você terá menos coisas para recolher do chão ao fim do dia.

Gostaria de destacar a importância de reunir e cortar as coisas *antes* de guardá-las. Muitas vezes, quando sentimos vontade de "simplificar", corremos para a loja de departamento mais próxima e voltamos para casa com o porta-malas cheio de caixas organizadoras bonitinhas. Achamos que ao guardar as coisas em recipientes esteticamente agradáveis criaremos uma sensação automática de ordem e serenidade. Mas, se não tivermos primeiro separado os Tesouros das Tralhas, não vamos sair do lugar. As caixas podem fazer a casa parecer arrumadinha, mas só servem para esconder a bagunça. Em vez de simplificar nossas casas (e nossas vidas), estaremos apenas mudando a desordem de lugar.

Na verdade, você precisa retirar o máximo possível de coisas antes de pôr algo numa caixa. Primeiro, reduza-as ao essencial e, *depois*, encontre um modo conveniente de abrigá-las. Ser minimalista significa ir um passo além de apenas ser responsável e arrumar a casa. Ao criar nossos módulos, colocamos em prática um sistema que elimina e impede o excesso — tornamos nossas posses equivalentes às necessidades e, depois, colocamos uma pedra sobre esse assunto.

17
Limites

Viver de forma minimalista significa manter nossas posses sob controle, e a forma mais eficaz de fazer isso é estabelecendo limites. Certo, você deve estar pensando: "Opa, espere aí! Limites? Não era isso que eu queria. Não quero me sentir privado de nada...". Não precisa se preocupar: os limites são para as coisas, não para você! Eles o ajudam a ficar por cima de suas coisas, para que tenha mais poder, mais controle e mais espaço. Os limites funcionam *para você*, e não contra você.

Vamos usar os livros como exemplo: todos sabemos como eles podem se acumular muito rápido. Compramos um e, depois de lê-lo, sabe-se lá como, ele ganha um espaço permanente em nossa coleção — não importa se gostamos dele ou se ainda pretendemos abri-lo novamente. Pagamos um bom dinheiro pelo livro — além de termos dedicado tempo e esforço na leitura —, portanto temos o direito de exibi-lo em nossa estante. Às vezes guardamos um título só para provar que o lemos. (Vai, pode confessar: quem aqui tem um *Guerra e paz* na estante?) Em vez disso, limite a coleção a seus favoritos e ponha o excesso de volta em circulação: doe-os para uma biblioteca ou repasse-os para amigos e familiares.

Limites também ajudam a domar materiais de artesanato e de outros hobbies que não param de se multiplicar. Não importa se você gosta de mexer com miçangas, tricô, scrapbook, maquetes, marcenaria ou sabonetes, limite seus materiais a *uma* caixa de armazenamento.

Quando ela começar a transbordar, consuma um pouco do estoque antigo antes de comprar algo novo — trata-se de uma ótima motivação para que você termine os projetos que começou. Além de reduzir a bagunça, esse é um excelente choque de realidade: você gosta mais de fazer artesanato do que de colecionar material para ele? Se não, talvez esteja na hora de repensar seu hobby; se sim, você não vai ter problema em terminar de usar esses materiais.

Os limites podem e devem ser aplicados a praticamente tudo. Divirta-se impondo restrições às suas coisas: exija que todos os DVDs caibam na prateleira designada; todas as blusas, na gaveta definida; toda a maquiagem, no estojo de cosméticos. Limite o número de sapatos, meias, velas, cadeiras, lençóis, panelas, tábuas e artigos colecionáveis que possui. Limite as assinaturas de revistas e o número de objetos na mesinha de centro. Limite a decoração de Natal a uma caixa e seus equipamentos esportivos a um canto da despensa. Limite pratos, xícaras e talheres ao tamanho de sua família e seus equipamentos de jardinagem às necessidades do quintal.

Antigamente, os limites eram impostos por fatores externos: em especial pelo preço e pela disponibilidade dos bens materiais. Os objetos costumavam ser feitos à mão e distribuídos localmente — o que os tornava mais escassos e custosos (em relação à renda) do que nos tempos modernos. Era fácil ser minimalista cem anos atrás, pois já era muito difícil adquirir os itens básicos — quanto mais algo extra. Hoje em dia, podemos correr para a loja de departamento do bairro e comprar o que nosso coração desejar, já que a produção em massa e a distribuição global deixaram os bens de consumo baratos e fáceis de encontrar e de obter. Claro que isso é conveniente, mas, como muitos de nós já descobrimos, podemos estar pecando pelo excesso. Se não limitarmos o consumo por conta própria, acabaremos soterrados pelas nossas coisas!

A definição de limites não ajuda apenas *você*, mas também facilita que os outros membros da casa passem a ter um estilo de vida mais minimalista. Explique para sua família que as coisas devem caber no espaço estabelecido — e que, quando estiverem transbordando, devem ser reduzidas. Limite os brinquedos das crianças a uma ou duas caixas organizadoras e as roupas de sua filha adolescente ao tamanho do guarda-roupa dela. Eles vão aprender muito com seus conselhos e criar hábitos importantes para fases posteriores da vida. No mínimo, limite as posses de cada pessoa ao que cabe em seu respectivo cômodo — seja o quarto ou a sala de brinquedos de seu filho, o escritório ou o ateliê de seu companheiro. Assim, você vai evitar que as coisas de cada um ocupem o espaço da família.

Claro, o limite máximo de suas posses é definido pelo tamanho da casa — que você, como minimalista, poderá reduzir algum dia. As coisas se expandem para preencher o espaço disponível (tenho quase certeza de que existe uma equação física para explicar isso!). Limitar o espaço significa menos objetos, menos bagunça, menos preocupação e menos estresse. Se você não tem uma casa grande, não pode ter uma casa cheia de coisas. Imagine mudar-se de uma quitinete para uma casa com despensa, porão e garagem para dois carros — não há dúvida de que esses espaços vão ficar cheios simplesmente por *existirem*. Se você tivesse deixado de usar sua bicicleta ergométrica enquanto morava num apartamento pequeno, é provável que a tivesse vendido; mas, agora, na sua casa maior, ela com certeza vai acabar no porão. Casas menores estabelecem um limite natural ao número de coisas que você possui — ajudando muito na busca de um estilo de vida minimalista.

A princípio, você pode pensar que limites são sufocantes, mas logo vai descobrir que eles são, na verdade, libertadores! Numa cultura em que somos condicionados a querer mais, comprar mais e fazer mais, eles são um maravilhoso suspiro de alívio. O fato é que, depois que tiver descoberto o prazer dos limites, você vai se inspirar, aplicando-os a outras partes de sua vida. Limitar compromissos e atividades leva a uma vida menos estressante, fazendo-o economizar um tempo precioso. Limitar os gastos reduz suas contas de cartão de crédito e aumenta seu saldo em conta. Limitar os alimentos processados, gordurosos e cheios de açúcar reduz sua cintura e melhora sua saúde. Bom, as possibilidades são... ilimitadas!

18
Entra um, sai outro

Às vezes nós organizamos, organizamos e organizamos mais um pouco — mas, quando olhamos para as nossas casas, não vemos nenhum progresso. Não dá para entender o que acontece: enchemos sacos de lixo até a boca, abarrotamos o porta-malas com doações e lotamos caixas endereçadas ao nosso cunhado. Mesmo assim, parece que continuamos com o mesmo número de coisas no guarda-roupa, nas gavetas e na despensa. Estamos nos esforçando e queremos ver resultados. Qual é o problema?

Pense na sua casa e em todas as coisas que há dentro dela como em um balde de água. Tirar a bagunça é como fazer um buraco no fundo dele — levando o balde a se esvaziar lentamente, gota a gota, à medida que você livra a casa de objetos indesejados. Ótimo, parece que estamos progredindo! Se você mantiver o bom hábito da organização, seu nível de bagunça deve sempre diminuir.

O problema é o seguinte: o nível de bagunça só diminui se você parar de colocar novas coisas em cima dela. Todo objeto que entra em sua casa é um acréscimo ao balde. Portanto, se continuarmos fazendo compras no shopping e levando para casa brindes de conferências profissionais, as gotas que saem por baixo não vão adiantar muito. O balde nunca vai ficar vazio e poderá inclusive transbordar!

Você pode resolver esse problema seguindo uma regra simples: entra um, sai outro. Toda vez que um objeto novo entrar em casa, outro parecido precisa sair. A cada gota dentro do balde, outra deve pingar para fora. Essa estratégia garante que sua casa não inunde, comprometendo todo o seu o progresso.

A regra Entra-Um-Sai-Outro é mais eficaz quando aplicada a objetos parecidos. A cada camiseta nova que entra no guarda-roupa, uma velha sai. A cada livro novo que entra para sua coleção, um antigo sai da estante. A cada par novo de sapatos que entra dançando, um par mais gasto sai porta afora. É bem simples. Se um jogo de pratos novo aparece, o velho sai de cena. Se um edredom novo diz olá, um antigo diz adeus. Se um lindo vaso faz sua estreia na casa, um menos lindo faz a reverência final. Você pode misturar um pouquinho, se achar necessário, para reequilibrar suas posses. Por exemplo, se tem calças de mais e camisetas de menos, jogue fora um par de calças sociais quando for comprar uma blusa nova. Mas seja justo: desfazer-se de um par de meias para contrabalançar um casaco — ou trocar um clipe de papel por uma cadeira de escritório — não faz efeito!

Com muita frequência, quando compramos um objeto novo, guardamos o antigo que ele deveria substituir. É assim que costuma acontecer: identificamos em casa alguma coisa que já viu dias melhores — ela pode ter saído de moda, estar se despedaçando ou simplesmente não atender mais às nossas necessidades. Em seguida partimos para uma missão de compras, loucos para trocar a versão antiga por uma melhor, mais bonita, reluzente e tecnológica. Pesquisamos, comparamos preços, lemos resenhas e enfim fazemos a compra. E aí acontece uma coisa estranha: quando trazemos para casa o modelo novo, o antigo não parece mais tão ruim. Embora tenhamos considerado que não era "bom o bastante" para o uso, ele ainda parece "bom demais" para se jogar fora. Começamos a imaginar todos os cenários (por mais improváveis que sejam) em que "possamos precisar dele". (Como se o substituto novinho em folha e de última tecnologia fosse parar de funcionar no dia seguinte...) E assim, sem mais nem menos, o objeto velho e cansado passa a habitar confortavelmente o nosso quartinho da bagunça; afinal, "vai que" ele possa ser útil um dia.

A estratégia Entra-Um-Sai-Outro ajuda você a mostrar o caminho da rua para os seus desapegos — em vez de abrigá-los durante a aposentadoria deles. Assim que o modelo novo entrar, dê adeus ao antigo. O sistema não tem segredo, mas exige disciplina. Posso dizer por experiência própria que é tentador trapacear, prometendo a si mesmo que vai se livrar de algo "depois". A vontade de usar a blusa recém-comprada ou de jogar o video game novo é tão grande que você não tem pique de sair pela casa procurando uma troca adequada. Ainda assim, reúna seus poderes minimalistas e se comprometa a tirar o que sai antes de abrir, pendurar ou usar o que entra — pois, se não o fizer imediatamente, é provável que nunca o faça. Cheguei a ponto de deixar objetos novos ainda com etiqueta no porta-malas do carro até conseguir expulsar algum velho.

Quando se está começando a tirar a bagunça, a regra Entra-Um--Sai-Outro é um ótimo paliativo. Ela limita o número de posses e o mantém na direção certa. Não existe nada mais desencorajador do que lutar para expulsar dez objetos — sofrendo com as decisões, criando forças para deixar que partam — e depois descobrir que acumulou outros doze nesse meio-tempo. Seguir esse princípio impede uma situação dessas. A partir do momento em que você se compromete, sua casa entra num estado estável de coisas: enquanto seguir o programa, você nunca mais irá possuir além do que possui no momento.

Melhor ainda, enquanto continuar expulsando suas posses, você verá uma redução significativa no nível de coisas. Depois de ter "fechado a torneira", as gotas que saem de debaixo do balde passam a ter uma melhora visível (e extremamente satisfatória). Claro, quanto mais coisas você expulsar, mais gratificante será o resultado — é por isso que, a seguir, vamos transformar a goteira da organização numa vazão constante.

19
Restrinja

No capítulo anterior, aprendemos a alcançar um estado estável de posses, compensando cada objeto que entra na casa com a saída de um parecido. Fantástico! Agora não parece tão estranho dar um passo à frente e dois para trás. Com esse sistema em funcionamento, cada objeto novo que expulsamos nos aproxima dos objetivos minimalistas.

Mas, para avançar de verdade, precisamos pegar firme nos esforços de organização. Reduzir não significa se livrar de algumas coisas temporariamente e depois voltar a agir como antes. Muito pelo contrário! Trata-se de um processo pensado para nos ajudar a alcançar o Santo Graal da vida minimalista: possuir apenas o suficiente para atender às nossas necessidades e nada além disso. Desta forma, ao lidar com as coisas nos armários e nas gavetas, assim como nos nossos módulos e nas áreas, temos uma missão: restringir.

Num mundo ideal, reduziríamos as nossas posses às necessidades básicas. Agora, antes que você fique com medo de ter de viver numa barraca ou dormir no chão, deixe-me explicar. "Necessidades básicas" significam coisas diferentes para pessoas diferentes. O minimalista que reside num veleiro pode conseguir atender às suas necessidades culinárias com uma simples chapa elétrica. Mas, para nós, que temos cozinhas completas, o micro-ondas, a fôrma de pizza e a máquina de arroz são indispensáveis. Da mesma forma, o equipamento de mergulho que o velejador considera essencial muito provavelmente seria considerado um item supérfluo para nós.

Nossos itens pessoais básicos dependem de uma grande variedade de fatores: idade, gênero, profissão, hobbies, clima, cultura, família e amigos. Minimalistas que trabalham em escritório podem achar ternos e sapatos sociais obrigatórios, ao passo que aqueles que trabalham em casa conseguem se virar com guarda-roupas mais simples. Pais com filhos pequenos terão uma lista de itens básicos diferente da de um solteirão que mora sozinho. Bibliófilos e fãs de esportes terão necessidades diferentes, assim como estudantes e aposentados, homens e mulheres.

Portanto, não há uma lista-mestra do que deve existir numa casa minimalista. Na verdade, ao contrário da crença popular, não existe um número mágico. Não importa se você possui cinquenta, quinhentas ou 5 mil coisas — o que importa é que tenha apenas o suficiente (e não demais) para *você*. Você é que deve determinar sua própria lista de itens essenciais, para depois restringir suas coisas de acordo com ela.

Esse passo, portanto, serve para reduzir suas posses a níveis "ideais" particulares. Sempre que comprarmos um objeto novo, devemos parar para pensar se de fato precisamos dele — ou se podemos muito bem viver sem ele. Quando descobrirmos que temos itens repetidos, devemos cortar o excesso de imediato. Ao desenterrarmos aquela caixa de coisas que não são usadas, devemos considerar seriamente jogar tudo fora. A boa notícia: conforme progredimos na jornada minimalista, nosso número de "necessidades" tende a diminuir — de maneira lenta, mas ainda assim diminuirá.

Além de simplesmente eliminar a bagunça, podemos também "restringir" nossas posses de formas mais criativas — preferindo, por exemplo, objetos multifuncionais aos de função única. Um sofá-cama elimina a necessidade de uma cama de hóspedes à parte. Uma impressora com função de scanner representa um equipamento de escritório a menos. Um smartphone pode substituir um calendário, um relógio de pulso, uma calculadora e uma agenda, entre outras coisas. O objetivo é realizar o maior número de tarefas com o mínimo de objetos.

Seguindo o mesmo princípio, devemos dar preferência a objetos versáteis em vez de especializados. Uma frigideira funda pode fazer o mesmo trabalho que uma gaveta cheia de outras panelas. Um clássico scarpin preto de salto combina com roupas profissionais e sociais, cumprindo uma função dupla no guarda-roupa — ao contrário daquele sapato fúcsia que nunca combina com nada. Um limpador multiúso pode deixar a casa brilhando, substituindo sprays específicos para a pia, a banheira, o espelho e a bancada.

No entanto, quando estivermos restringindo nossos objetos, algumas coisas nos deterão no meio do caminho — e, com muita frequência, terão um caráter sentimental. É muito difícil abrirmos mão de coisas que nos trazem lembranças. Mas não se preocupe — nós, minimalistas, também temos meios de lidar com elas! "Miniaturizar", por exemplo, é uma estratégia de eficácia comprovada. Não, não estou falando em apontar um raio encolhedor para elas (por mais divertido que isso fosse!). Em vez disso, salvamos apenas uma *parte* do objeto em vez da coisa toda. A lógica: se o propósito de um objeto é evocar memórias, as mesmas memórias podem ser evocadas por uma parte menor.

Considere "miniaturizar" objetos como vestidos de casamento, roupas de batismo, colchas de bebê, lembranças de formatura, uniformes esportivos e moletons da faculdade. Por exemplo, em vez de guardar todo o vestido de casamento, corte um pedaço do tecido e exiba-o junto com uma foto, um convite ou as flores secas do buquê. Em vez de guardar o capelo de sua colação de grau, guarde apenas o cordão. Faça o mesmo com relíquias que você herdou: em vez de estocar todas as doze porcelanas do conjunto de sua avó no sótão, fique com apenas um prato e pendure-o num lugar de destaque. Uma alternativa é tirar fotos dos objetos e depois se livrar deles: as fotos preservam as memórias sem ocupar espaço. Elas também são mais acessíveis — e mais fáceis de admirar do que um objeto escondido no depósito.

Finalmente, podemos restringir as posses digitalizando-as. Coleções inteiras de coisas — música, filmes, video games, livros — podem agora ser reduzidas a bits e bytes intangíveis. Estamos numa época maravilhosa para os minimalistas!

Se você adotar o minimalismo de coração aberto, vai perceber que estará sempre atento a novos meios de restringir suas coisas. Seja criativo. Encare como um desafio pessoal a tarefa de fazer mais com menos e *divirta-se* explorando todas as possibilidades. Você pode se surpreender com as coisas sem as quais pode viver!

20
Manutenção diária

Depois que tivermos seguido todos os Dez Passos — recomeçar; separar as coisas em pilhas de Lixo, Tesouro e Transferência; garantir que tenhamos um bom motivo para cada objeto; encontrar um lugar para cada coisa e pôr cada uma delas em seu lugar; manter todas as superfícies vazias; arrumar as coisas em módulos; impor limites às nossas posses; seguir a regra Entra-Um-Sai-Outro; e restringir os pertences —, não podemos simplesmente dar a missão por cumprida e voltar a agir como antes. Não mesmo! Precisamos preservar a situação com um pouco de manutenção diária.

Virar minimalista não é como fazer uma dieta radical. Não adianta só enxotar todas as nossas posses numa sessão pesada de organização e depois anotar na lista como "feito". Se fosse assim, é provável que sofreríamos do efeito sanfona — as coisas voltariam a se acumular de maneira tão certeira e veloz quanto o peso perdido. Em vez disso, precisamos mudar nossas características intrínsecas (por isso fizemos todos aqueles exercícios mentais) e desenvolver novos hábitos (por isso aprendemos o método dos Dez Passos). Devemos encarar a vida minimalista como uma dieta nova e mais saudável — não como uma atividade única, mas como uma mudança total de estilo de vida.

O mais importante é continuarmos atentos ao que entra em casa. Lembra da discussão sobre sermos bons porteiros? Para manter o estilo de vida minimalista, não podemos nunca baixar a guarda — as coisas podem sair de controle muito rápido se deixarmos. A boa notícia é que a tarefa é mais simples do que parece e logo se torna natural. Precisamos apenas estabelecer uma rotina para lidar com as coisas que entram — como correspondência, catálogos, presentes e brindes — e segui-la fielmente. Colocar caixas de doações e de reciclagem perto da porta de entrada, por exemplo, faz maravilhas — elas evitam toneladas de bagunça em potencial quase sem nenhum esforço.

Mesmo assim, às vezes você pode ter a sensação de que está sempre na defensiva, tentando deter sozinho o tsunami de coisas que ameaça seu lar. Mas você pode agir no ataque também: cancelando assinaturas de revistas, decidindo não participar de trocas de presentes e deixando claro para todos que você está em busca de um estilo de vida minimalista. O último ponto é mais importante do que você pensa: porque, quando virem seus cômodos "vazios", amigos e parentes bem-intencionados podem entender a falta de coisas como uma *necessidade* de coisas. Na melhor das hipóteses, você pode receber uma chuva de presentes indesejados e, na pior, a bagunça que *eles* não querem mais.

Além de monitorar a porta de entrada, mantenha o olhar atento a focos de bagunça. Como você sabe, bagunça atrai bagunça. Depois que para de pegar no pé de determinado objeto, ele logo fica à vontade e chama os amigos. Não deixe a festa começar! É muito mais fácil expulsar um hóspede indesejado do que um bando inteiro. O fato é que, se você não age aos primeiros sinais de acúmulo, seu radar enfraquece. Pense um pouco: há uma grande diferença entre uma superfície perfeitamente vazia e outra com um objeto que não é dali. O objeto estranho se destaca como um machucado no dedão. No entanto, o contraste entre uma superfície com um objeto estranho e outra com dois não é tão dissonante, e muito menos entre uma com dois e uma com três (e assim por diante). Melhor limpar a bagunça assim que a vir do que correr o risco de um novo acúmulo.

No processo, você muitas vezes vai ter de lidar com a BOP — bagunça de outras pessoas. Como, de modo geral, você não tem liberdade para se livrar dela, a melhor opção é devolvê-la rapidamente para o proprietário de direito. Se o objeto pertence a alguém que não mora na sua casa — como as coisas que sua irmã enfiou no seu porão durante a mudança dela (e ainda não veio buscar) ou o projeto de artesanato que uma amiga largou na sua mesa de jantar —, um simples telefonema ou e-mail explicando seus esforços de arrumação devem motivar a pessoa a buscar seus pertences.

Na maioria das vezes, porém, o objeto estranho é de outro membro da família. Nesse caso, simplesmente devolva-o ao espaço pessoal do proprietário (por exemplo, logo atrás da porta de seu quarto ou escritório). A ideia não é virar empregado de todo mundo, e sim gerar um efeito bumerangue — reforçando sempre o conceito de que tudo o que se aventurar para o espaço familiar será imediatamente devolvido ao local de origem. Com sorte, eles vão acabar percebendo e pensarão duas vezes antes de deixar coisas para trás. Apontar a bagunça incômoda ao seu proprietário e lhe dar a opção de removê-la ou jogá-la fora também cumpre muito bem a função.

Por fim, continue organizando! A limpeza inicial da casa não é a primeira e última da sua purgação; na verdade, ela é apenas um começo. Você irá descobrir que seus poderes minimalistas se fortalecerão com o tempo — e os itens essenciais que sobreviveram à primeira organização não parecerão mais tão essenciais na segunda rodada. Por esse motivo, recomendo expulsá-los em ciclos; depois da organização inicial, dê mais uma olhada após algumas semanas ou meses. Você vai ver suas posses com outros olhos e sob uma perspectiva mais madura. Nesse meio-tempo, você terá começado a sentir o prazer e a liberdade de um estilo de vida minimalista — o que vai motivá-lo (e animá-lo) a se livrar de mais coisas. Você vai se surpreender em como vai passar a ser fácil abrir mão de coisas na segunda, terceira, quarta (ou décima ou vigésima!) rodada.

A prática, é claro, leva à perfeição. Portanto, em vez da expulsão de uma só vez, você pode preferir uma abordagem lenta e constante como a de Um-Por-Dia. Simplesmente se comprometa a se livrar de um objeto por dia. Pode ser qualquer coisa: um par velho de meias, um livro que nunca vai ler, um presente sem o qual pode viver, uma camiseta que não serve mais ou uma revista antiga. Gasta-se pouco tempo ou esforço (apenas alguns minutos por dia) e, ao fim do ano, sua casa terá 365 objetos a menos. Para que você evite mandar objetos úteis para um aterro, mantenha uma caixa de doações escondida na despensa ou no armário do corredor. Coloque nela seus descartes um a um e, quando estiver cheia, doe-a para o Exército da Salvação ou para outra instituição de caridade.

Outra opção é definir metas de organização para determinados períodos: dez objetos por semana ou cem por mês, por exemplo. Mantenha seus descartes sob controle para poder observar seu progresso e manter-se motivado. E o mais importante: *divirta-se*! A melhor parte da vida minimalista é que as recompensas são imediatas: cada objeto que você descarta alivia sua carga instantaneamente. Repita isso todos os dias e se sentirá muito bem. Seu único arrependimento será não ter começado antes!

PARTE TRÊS
CÔMODO POR CÔMODO

AGORA VEM A PARTE EMOCIONANTE: está na hora de pôr nossas habilidades de organização em prática! Nos capítulos a seguir, vamos aplicar o método dos Dez Passos a cômodos específicos — aprendendo a Organizar, Conter e Manter o conteúdo de cada um deles. Sinta-se livre para pular páginas e começar pelo cômodo que preferir. Inicie pelo mais fácil, pelo mais difícil, pelo menor, pelo maior — o que lhe der na telha. À medida que resolver cada um deles, o espaço e a tranquilidade irão tomar conta da casa. Agora arregace as mangas e dê início à transformação minimalista!

21
Sala de estar

Neste capítulo, vamos nos concentrar em sua sala de estar. Para nossos propósitos, vamos defini-la como a área em que os membros da família se reúnem e os convidados ficam quando vêm visitá-lo. Na maioria das casas, é o espaço maior e onde tudo acontece, por isso um esforço de organização aqui dará um tom maravilhoso à casa toda.

Antes de começar, porém, gostaria que você saísse de casa. (Sim, você leu certo.) Levante-se, saia pela porta e feche-a atrás de si. Quando tiver saído, esvazie a mente e aproveite o ar fresco por um minuto. Quando voltar, terei organizado sua casa inteira com meus superpoderes mágicos de minimalista! É brincadeira, claro — mas esse exercício tem uma razão de ser.

Certo, você já pode voltar agora — mas, quando entrar pela porta, *finja que não mora lá*. Entre como se fosse uma visita, com olhos novos e uma perspectiva objetiva. E então, qual é a sua primeira impressão? Você gosta do que está vendo? A sua sala de estar é apaziguadora e convidativa, recebe-o bem em sua chegada? Ou ela é caótica e abarrotada, fazendo com que você queira sair correndo? Mais importante: se todas as coisas não fossem suas, você teria vontade de se sentar e ficar entre elas?

Estamos lançando um novo olhar para a sala de estar porque a bagunça "desaparece" quando nos acostumamos a ela. Se a mesa de centro fica coberta de revistas, bibelôs, material de artesanato e brinquedos de criança por semanas, meses ou até anos, nós nos acostumamos com isso. Nos acostumamos com o cesto de roupa suja no canto, os livros amontoados ao lado do sofá e os DVDs empilhados em volta da TV. Sabe-se lá como, a bagunça fica invisível para nós.

Depois que tiver avaliado o quadro geral, olhe com atenção para o conteúdo da sala. Examine cada móvel, cada almofada e cada enfeite. Todos esses objetos são úteis ou bonitos? Eles combinam uns com os outros e parecem estar no lugar adequado? Ou o cenário se assemelha a um mercado de pulgas — ou, pior ainda, ao interior de um depósito? Se você esvaziasse o que tem dentro dela no quintal, traria tudo de volta — ou ficaria feliz de despejar uma boa parte?

ORGANIZE

Um conselho comum é começar com tarefas pequenas e depois passar para as maiores. Não é uma má ideia, mas vamos fazer diferente aqui — vamos começar COM TUDO. Sua sala de estar abriga alguns objetos grandes e oferece uma excelente oportunidade para começar para valer. Expulsar um simples móvel desnecessário (ou indesejado) pode causar um impacto tremendo — e dar um incentivo maravilhoso para trabalhar em objetos menores. É como se a poltrona velha ou a mesinha lateral órfã fosse o tampão do ralo de uma pia gigante de coisas paradas: quando você o arranca, libera espaço para uma torrente de bagunça.

Então vamos nos concentrar nas coisas grandes. Todos os móveis são usados regularmente ou há alguns objetos lá sem um motivo melhor do que "sempre estiveram aí"? Considere o modo como você e a sua família usam a sala. Vocês se reúnem no sofá ou no chão? Alguém senta na poltrona do canto? Vocês teriam mais espaço para atividades (relaxar, jogar, reunir todo mundo para ver um filme) se houvesse menos móveis?

Em hipótese nenhuma se sinta obrigado a possuir determinados objetos apenas porque são o que se espera ("Meu Deus, o que os vizinhos pensariam se nós não tivéssemos uma poltrona reclinável?").

Quando eu e meu marido fomos morar em outro país, decidimos que não precisávamos de um sofá. Por mais que nunca tivéssemos visto uma casa sem um, ele simplesmente não combinava com nosso estilo de vida (não tínhamos TV nem visitas frequentes e passávamos as noites e os fins de semana passeando pela cidade). Por isso, mobiliamos a sala com apenas duas espreguiçadeiras e uma mesa de centro. Os três móveis eram o suficiente para atender às nossas necessidades; qualquer coisa a mais teria sido excessiva.

Se você encontrar um item grande que deseja jogar fora, mas continua um pouco hesitante, tire-o da sala por alguns dias. Aloje-o temporariamente em algum lugar longe dos olhos e observe se alguém sente falta dele. Às vezes, o simples ato de tirar um móvel do meio do caminho fornece uma nova perspectiva sobre ele — e, claro, os laços que você tem com a peça ficam mais fáceis de ser rompidos depois que ela sai de cena.

Após lidar com os objetos maiores, está na hora de passar para os menores — e, dependendo da sala de estar, pode haver um bocado deles. Não entre em pânico, é aqui que vamos separar as coisas em tarefas menores e mais consistentes. A melhor forma de enfrentá-las: veja prateleira por prateleira, gaveta por gaveta, pilha por pilha. Simplesmente esvazie o conteúdo (ou jogue-o no chão) e separe-o nas pilhas de Tralha, Tesouro ou Transferência. Mais importante: não tenha pressa. Dedique tempo para fazer um trabalho minucioso — mesmo que leve semanas ou até meses para organizar até a última gaveta. Esse cuidado vai trazer muito mais recompensas a longo prazo.

Tente tirar da sala todos os objetos decorativos e não funcionais — remova-os das estantes, do apoio da lareira, do aparador e de todas as mesas laterais. Guarde-os numa caixa e viva sem eles por uma semana. Às vezes, objetos desnecessários podem prejudicar a apreciação de um espaço sem que percebamos. Quando não estão presentes, sentimos uma onda de alívio — como se enfim pudéssemos nos esticar e nos mover livremente pelo cômodo (sem quebrar nem esbarrar em nada). Note como os membros da família e as visitas reagem ao espaço sem bagunça — eles estão mais relaxados? Eles se movem de maneira mais livre? Têm mais entusiasmo para realizar suas tarefas?

Vamos considerar mais algumas formas de como podemos Restringir aqui. O ideal é não desejarmos nada além do que atende às nossas necessidades. No mínimo, uma sala precisa de algo em que os membros da família possam se sentar. Minimalistas extremos (e pessoas de culturas não ocidentais) podem se contentar perfeitamente com algumas almofadas no chão. Para um homem solteiro, uma espreguiçadeira pode ser o suficiente. Uma família, por outro lado, pode considerar um sofá uma necessidade. Faça as contas: se há somente três pessoas na casa, você precisa mesmo de móveis para que oito se sentem? Sempre dá para montar algumas cadeiras dobráveis quando receber visitas (ou criar uma atmosfera divertida e boêmia relaxando no chão). Considere o tamanho dos móveis também; já vi sofás modulares superestofados e gigantescos que ocupavam quase a sala toda. O "conforto" desse sofá monstruoso realmente compensa o espaço de piso que ele consome? Não seria possível atender às suas necessidades com algo menor e mais enxuto para se sentar?

Agora vamos falar sobre mesas. A maioria das salas de estar também irá precisar de ao menos uma para acomodar as atividades da família. Uma mesa de centro pequena pode ser o suficiente. Se além disso a sala funciona como escritório ou ateliê, uma escrivaninha ou mesa de trabalho pode ser necessária. Qualquer móvel extra costuma ser apenas decorativo. Pense bem se realmente precisa das mesas laterais, do aparador e do bufê que habitam a sua sala hoje.

Outra forma de minimizar é investir em móveis multifuncionais. Como já mencionei, um sofá-cama pode ser tanto o sofá para reunir a família como cama para os hóspedes. Uma mesa de centro com baú ou gavetas acopladas pode eliminar a necessidade de outras peças de armazenamento e liberar um espaço de piso significativo. O mesmo vale para pufes: se você quer ter um, faça com que ele tenha dupla função e consiga armazenar algumas de suas coisas. Alguns objetos oferecem funcionalidade máxima com espaço mínimo, deixando-nos com muito mais espaço livre para circulação.

A sala de estar também pode abrigar um home theater, com televisão e aparelhos eletrônicos. Mas pergunte a si mesmo: você precisa mesmo da tv? Por incrível que pareça, muita gente (incluindo a minha família) tem a vida perfeitamente realizada, divertida e informada sem ela. Além disso, hoje em dia é possível assistir a praticamente tudo no laptop ou no computador. O bônus: quando não se tem uma tv, não há a necessidade de uma estante, um rack ou qualquer móvel para abrigá-la. (Outra opção para economizar espaço — e continuar com a tv — é afixá-la na parede.)

A maioria das salas de estar tem também prateleiras, em geral abarrotadas de coisas. Tudo o que posso dizer é que quanto menos coisas você tiver, menos prateleiras serão necessárias — por isso, sugiro que comece a se desfazer de algumas coleções! Cultive hobbies que exijam poucos materiais, como cantar, fazer origami ou aprender uma língua nova, e jogue jogos que envolvam um simples baralho de cartas em vez de grandes tabuleiros e centenas de peças de plástico. Use estratégias criativas para atender às suas necessidades de diversão — como emprestar coisas de um amigo ou da biblioteca em vez de possuí-las.

Para os títulos que você *realmente* deseja ter, considere usar sua versão digital. Baixe filmes, digitalize suas músicas e invista num leitor eletrônico — um único aparelhinho pode abrigar centenas de e-books (e dar acesso a milhares de outros), eliminando a necessidade de estantes inteiras. Só compre volumes impressos que você sabe que vai guardar com carinho. Armazene todas as suas fotos digitalmente, revelando apenas as que quiser dar de presente ou exibir em casa.

CONTENHA

Como a sala é palco de muita coisa, certifique-se de que tudo tenha um lugar. Caso contrário, as coisas podem ficar verdadeiramente caóticas!

Defina as áreas em que assiste tv, armazena a coleção de filmes, lê revistas, joga jogos e utiliza o computador. Certifique-se de que os objetos envolvidos nessas atividades estejam abrigados em suas respectivas áreas e faça todo o possível para evitar que eles transitem por outras. As revistas não devem ser empilhadas sobre a televisão, e os brinquedos não devem residir no sofá. Envolva todos os membros da casa no processo de demarcar as áreas — assim, todos entenderão o sistema e assumirão a responsabilidade de mantê-lo.

Se a sala de estar também funciona como escritório ou ateliê de artesanato, restrinja a atividade (e seus acessórios) a uma área bem definida. Se ajudar, use um biombo ou um vaso grande de planta para criar uma fronteira visual (e psicológica). São dois os motivos: primeiro, precisamos impedir que o material de escritório se espalhe para o espaço de estar principal. Segundo, é importante manter a área de escritório livre de bagunça e distração — você será muito mais produtivo se não precisar tirar brinquedos da escrivaninha sempre que for usá-la.

Depois de dividir o espaço em áreas, distribua suas coisas em Círculo Próximo, Círculo Distante e Estoque Oculto. Como já vimos, os objetos de seu Círculo Próximo são aqueles que você utiliza regularmente (todos os dias ou quase todos os dias). Eles devem ser mantidos em locais de fácil acesso, como prateleiras de altura média e gavetas próximas das áreas de atividade. Candidatos para o Círculo Próximo da sua sala de estar incluem controles remotos, revistas novas, aparelhos eletrônicos e acessórios de computador usados com frequência, assim como livros, filmes e jogos favoritos. Seu Círculo Distante deve conter objetos usados menos de uma vez por semana, como certos materiais de hobby e artesanato, livros de referência e objetos para entreter convidados. Guarde-os em prateleiras altas ou nas muito baixas e em gavetas e armários menos acessíveis. Decorações sazonais e objetos que você estima, mas não exibe atualmente (na tentativa, por exemplo, de tornar a sala segura para crianças pequenas) pertencem ao Estoque Oculto — de preferência alocado na despensa, no quarto da bagunça ou em qualquer outro lugar fora do caminho.

A seguir, crie módulos para abrigar suas coleções — como jogos de video game, livros, revistas e aparelhos eletrônicos. Em vez de guardá-los sem seguir lógica alguma, separe-os uns dos outros e atribua uma prateleira, gaveta ou caixa específica para cada categoria. Reunir objetos similares nos ajuda a encontrar com facilidade os repetidos, retirar os indesejáveis e perceber o tamanho de nossas coleções.

Também nos ajuda (e aos outros membros da família) a devolver as coisas aos espaços designados a elas — evitando que passeiem pela sala ou partam para outros cômodos da casa.

Módulos são especialmente úteis para organizar materiais de hobby ou artesanato. Em vez de abrigá-los numa gaveta ou armário comum, separe-os por atividade: tricô, scrapbook, pintura, maquetes, confecção de bijuterias etc. Atribua cada atividade à sua caixa: caixas organizadoras de plástico funcionam bem, assim como caixas de papelão resistentes (cubra-as com tecido ou papel Contact para que fiquem mais bonitas). Cestas fundas e retangulares também servem. Quando estiver com vontade de praticar um hobby específico, simplesmente pegue seu módulo e retire o material. Quando terminar, a arrumação será fácil: ponha tudo de volta na caixa e devolva-a ao espaço de armazenagem adequado.

Como minimalistas, temos de limitar as coleções aos objetos preferidos; caso contrário, eles crescem indiscriminadamente, inundando-nos de coisas sem que percebamos. Os limites podem ser definidos por determinado número de coisas ou por determinado espaço. Quando for arrumar os livros, por exemplo, você pode decidir limitar a coleção a cem volumes ou ao espaço disponível na estante. De todo modo, você colocará uma espécie de ponto final ao crescimento da sua coleção, garantindo que sua biblioteca contenha apenas os livros mais queridos e lidos com frequência.

Na sala de estar, estabeleça limites a todo tipo de pertences que ali habitam. Depois que tiver atingido os limites, expulse os antigos antes de acrescentar algo novo. Nossos gostos mudam com o passar dos anos; nós nos cansamos de filmes, músicas e passatempos que já curtimos um dia. Em vez de guardá-los para sempre, separe-os periodicamente e doe aqueles de que não gosta mais. É muito mais prático e recompensador procurar algo entre os itens de uma coleção atualizada e reduzida do que entre uma confusão indiscriminada de títulos. Se você sentir falta de novidade, pegue o item emprestado da biblioteca em vez de comprá-lo; assim, pode-se desfrutar de uma ampla variedade de entretenimentos sem a dor de cabeça (ou o gasto) da posse.

No caso dos materiais de hobby ou artesanato, os módulos devem oferecer um limite natural à quantidade disponível. Se eles estiverem atingindo a capacidade máxima, evite acumular mais até que tenha reduzido o estoque atual — começando projetos planejados, finalizando os incompletos ou simplesmente tirando o que não pretende utilizar. Impor limites nos dá a justificativa perfeita para expulsar o material indesejado (como lã de cores feias, contas cafonas ou tecidos baratos) — só o fato de eles estarem ali pode diminuir o entusiasmo para a atividade em questão. Separe seus favoritos e se desfaça do resto!

Limite os itens colecionáveis também. Não sei se o impulso de colecionar é inerente à natureza humana, mas, em algum ponto da vida, a maioria de nós acumulou determinadas coisas apenas por acumular: figurinhas, bichos de pelúcia, jogos de chá antigos, primeiras edições de livros, artigos relacionados a filmes, moedas ou selos. Gostamos da emoção da busca e da euforia de encontrar um item novo (quanto mais raro, melhor) para adicionar à coleção.

Infelizmente, porém, a internet facilitou demais a pesquisa por "raridades". No passado, as coleções eram restringidas pela disponibilidade e pelo acesso limitados; era preciso vasculhar brechós e feiras de antiguidades para novos achados. Agora, existe um mundo de coisas ao alcance dos dedos: em poucas horas on-line, podemos adquirir uma coleção que antes levaríamos anos para montar. Por isso, devemos impor nossos próprios limites aos colecionáveis — restringindo as aquisições a um número fixo em vez de comprar tudo o que encontramos.

Por fim, imponha limites aos objetos decorativos. Inspire-se nas casas tradicionais japonesas, onde apenas um ou dois objetos cuidadosamente escolhidos são exibidos de cada vez. Assim você pode apreciar aqueles que são mais importantes para você — em vez de obrigá-los a competir por atenção com uma dezena de outros. Isso não significa que você precise jogar fora o resto da decoração (a menos, claro, que seja essa a sua vontade). Simplesmente crie um "módulo de decoração" para armazenar as peças favoritas — coloque algumas de cada vez em exposição e reveze-as ao longo do ano.

A regra Entra-Um-Sai-Outro ajuda ainda mais a conter os objetos da sala de estar porque garante que nada *excessivo* entre nela. Se trouxermos um livro ou jogo novo para casa, um antigo precisa sair. Quando chegar a última edição de uma revista, jogue a velha na lata de reciclagem (ou a repasse para amigos ou parentes). Se começar um hobby novo, abandone um antigo que não lhe interessa mais — junto com todos os seus materiais. Se, durante as compras, certa peça de decoração lhe chamar a atenção, determine o que vai sair de sua casa antes de comprá-la (e se o sacrifício desse desapego não valer a pena, ignore a peça e espere até encontrar algo melhor). Fazendo disso um hábito, você irá transformar a sua sala de estar: em vez de ser um "museu", exibindo velhos interesses e passatempos, ela será um espaço dinâmico que reflete os gostos atuais de sua família.

MANTENHA

Se um vizinho o visitasse agora, você poderia servir as bebidas na mesa de centro? Se os seus filhos quisessem jogar um jogo ou fazer a lição de casa, haveria espaço para isso? Ou algumas dessas atividades seriam adiadas (ou abandonadas) porque você precisaria tirar muitas coisas da frente antes? Se você sentisse inspiração para praticar um pouco de ioga, teria espaço suficiente no chão — ou você suaria mais movendo os móveis de lugar para abrir espaço?

As salas de estar são para se estar. Se as tratarmos como unidades de depósito improvisadas, enchendo-as até as tampas com objetos, estaremos destruindo a funcionalidade da sala — e roubando de nós mesmos (e de nossas famílias) um espaço valioso. As superfícies em particular — como as mesas de centro, as mesas laterais ou a escrivaninha — são de extrema importância. Se estiverem cobertas de revistas, folhetos de propaganda, brinquedos, livros e projetos de artesanato incompletos, elas serão inúteis para as atividades atuais. Do mesmo modo, as superfícies da sala de estar não devem ser reservadas para um desfile estático de bichinhos de cerâmica — muito pelo contrário. Elas são feitas para que seu filho de quatro anos de idade desenhe, para que os adolescentes joguem com os amigos e para que os adultos tomem uma boa xícara de café.

Também devemos manter o piso (a maior das superfícies) o mais livre possível. As crianças em particular precisam de espaço para andar, brincar e explorar; elas não devem ficar restritas a um espaço minúsculo, quase invisível entre os móveis e as montanhas de bagunça. Os adultos também podem se beneficiar de um espaço apaziguador e arrumado. Quando chegamos em casa depois de um longo dia de trabalho, precisamos de espaço para relaxar, tanto física como mentalmente. Se tropeçarmos em objetos no caminho até o sofá ou olharmos ao redor para a bagunça, ficaremos estressados, sufocados e irritados. Por outro lado, se a sala estiver espaçosa e arrumada, teremos espaço — e paz de espírito de sobra — para nos recostar, relaxar e respirar. Por isso, faça um esforço para reunir objetos avulsos e impedir que eles acabem no chão.

Para usar um termo do mundo corporativo, devemos ver a sala de estar como um "espaço colaborativo". Num escritório, o espaço colaborativo é uma área aberta para o uso de todos. Quando um funcionário chega de manhã, ele prepara uma mesa disponível (vazia) para o dia. Quando sai à noite, leva todos os seus pertences consigo, deixando a mesa livre e limpa para outra pessoa utilizá-la no dia seguinte. As salas de estar devem funcionar da mesma maneira: o piso e as superfícies devem ficar livres, prontos para acomodar as atividades do dia; quando as atividades terminam, eles devem ser esvaziados de todos os itens, deixando-os prontos e disponíveis para que a próxima pessoa os utilize.

Além disso, devemos nos manter sempre a postos. Esse cômodo está a poucos passos da porta de entrada e é muitas vezes o primeiro lugar em que os objetos que entram vêm repousar. (Alguns deles, aliás, parecem ficar encalhados ali para sempre.) Patrulhe a área em busca de intrusos. (Que caixa é aquela perto da porta? De quem é a jaqueta jogada sobre o sofá? Aqueles papéis em cima da mesa de centro são de propaganda?) Quando você identificar as coisas que não pertencem ao lugar, não se renda — revide! Acabe com os invasores assim que os vir e garanta que tudo o que entrou ou está de passagem pela sala não tenha risco de se deter ali. Pendure os casacos, guarde os sapatos, cuide da correspondência e leve as novas aquisições direto para os locais apropriados.

Mantenha um olhar atento aos lugares em que a bagunça tende a se acumular — como a mesa de centro, a mesa lateral ou qualquer outra superfície na sala. Se você arruma as coisas depois de toda e qualquer atividade, a bagunça não tem chance de se acumular. Além disso, se descobrir objetos desgarrados enquanto passa o aspirador ou tira o pó, não limpe em volta deles — recolha-os!

Para complicar o problema, a sala de estar é onde mais fica visível a bagunça alheia. O ideal é que o problema diminua com o tempo, à medida que os moradores da casa aprendam a respeitar o espaço colaborativo e a levar os objetos pessoais consigo quando saírem da sala. Enquanto isso, porém, você pode assumir o controle e devolver as coisas aos seus donos. Adquira o hábito de fazer uma arrumação do espaço toda noite antes de dormir e tirar as coisas que não são dali. Demora só alguns minutos, mas faz uma diferença enorme. Você pode resmungar, ensinar e falar sobre a manutenção das coisas organizadas o dia todo — mas a melhor maneira de inspirar os outros é dando o exemplo.

Por fim, continue a tirar o excesso regularmente — a menos que você seja um minimalista extraordinário, sempre há algo mais de que poderá se livrar. Se vir uma revista velha, jogue-a fora; se cansou de determinados hobbies, livre-se dos materiais; e se algum objeto acumulou uma camada de poeira, considere seriamente desalojá-lo. Quando o assunto é a sala de estar, mantenha-a simples, leve e relaxante!

22
Quarto

O quarto, mais do que qualquer outro lugar da casa, deve ser um espaço de paz e serenidade, um refúgio contra nossas vidas agitadas. Por isso, temos um trabalho importante pela frente — porém, depois que tivermos acabado, teremos o ambiente perfeito para um descanso merecido.

Seu quarto precisa ser o cômodo menos bagunçado da casa. Ele possui uma função incrivelmente importante: dar repouso à sua alma cansada depois de um longo dia de trabalho, estudo, cuidados com os filhos, limpeza da casa e todas as outras atividades da sua rotina. Deve ser um lugar de descanso e relaxamento — não apenas para o corpo, mas também para a alma.

Feche os olhos e imagine o quarto ideal. Imagine todos os detalhes, como se fosse uma foto de revista: o estilo da cama; a cor dos lençóis, do edredom e do cobertor; os travesseiros, a iluminação, o piso, a decoração e os outros móveis do quarto. Que tipo de clima você encontra ali? Ele é um oásis relaxante? Um refúgio romântico? Uma suíte luxuosa? Embora eu não conheça seus gostos pessoais, tenho certeza de uma coisa: não tem um pingo de bagunça no seu quarto dos sonhos. E com toda a razão — é difícil se sentir bem tratado quando se está soterrado de coisas.

Para recomeçar, então, tire tudo do quarto, com exceção da cama. Como o quarto é, por definição, feito para dormir (e não queremos estragar nossas costas), esse móvel pode ficar. Da mesma forma, mantenha no lugar todos os objetos grandes relacionados a vestuário que você tem certeza de que vai manter, como o guarda-roupa ou a cômoda. Mas, por enquanto, todo o resto sai: escrivaninha, mesa, cadeira, caixas organizadoras, cesto de roupa suja, vasos de planta, esteira ergométrica, pesos de ginástica, televisor, computador, luminárias, livros, revistas, quinquilharias decorativas e assim por diante. Esvazie-o até não sobrar nada e coloque tudo em outro cômodo por enquanto.

Agora deite-se na cama e olhe ao redor. Uma mudança e tanto, não é? Você nunca deve ter notado quanto espaço realmente tem. Ele parece mais aberto, calmo e relaxante? É mais fácil se espreguiçar, esvaziar a mente e respirar? É assim que um quarto *deve* ser! Ele deve relaxá-lo e rejuvenescê-lo, e não deixá-lo estressado e cansado. A melhor parte: criar um clima idílico não exige um decorador de interiores nem uma reforma cara. Tudo o que você precisa fazer é organizar!

ORGANIZE

Monte as pilhas de Tralha, Tesouro e Transferência e comece a separar o conteúdo do seu quarto. Não se preocupe com as roupas e os acessórios por enquanto; esse é outro trabalho e vamos lidar com ele adiante. Por enquanto, concentre-se em todo o resto — em especial nos objetos que não têm nada a ver com os atos de dormir ou de se vestir.

É provável que você enfrente um dilema interessante aqui: você vai encontrar objetos que não cabem em *nenhuma* das pilhas. Você não quer se livrar deles na pilha de Tralha nem colocá-los na pilha de Transferência para vender ou doar; na verdade, quer muito ficar com eles. No entanto, eles não podem ir para a pilha de Tesouro do quarto porque não têm relação com o sono nem com o vestuário. O problema: os objetos podem ter um lugar na sua vida, mas esse lugar não é o quarto.

Infelizmente, os quartos tendem a funcionar como um escoamento de nossas coisas; quando as áreas de estar ficam cheias demais, o que sobra vai parar nos quartos. Imagine que suas visitas vão chegar em algumas horas e você está arrumando as salas de estar e jantar freneticamente. Você enfia o que pode nos armários e prateleiras, mas acaba ficando sem espaço. Então, o que você faz? Armazena o excesso no quarto. Pelo menos, você pode fechar a porta e escondê-lo da visita enquanto a recebe. Muitas vezes, porém, as coisas refugiadas ganham asilo lá — e em pouco tempo você estará usando seu quarto como solução temporária para o problema de acúmulo.

Sinta-se livre, portanto, para redefinir sua pilha de Transferência como "Transferência para Outro Cômodo" e incluir nela todos os objetos que são de outros lugares da casa. Essa pilha pode conter qualquer coisa, de revistas e brinquedos de seus filhos a seu aparelho de abdominal. Você pode até decidir incluir algumas lembrancinhas e objetos sentimentais no bolo. Todavia, certifique-se de que esses objetos tenham um lugar de direito em outra parte da casa. A última coisa que você quer é passar uma pilha de tralhas sem teto de cômodo para cômodo. Se a função de um objeto é tão indefinida que você não sabe onde colocá-lo, o melhor lugar para ele pode ser a caixa de doações.

A principal função do quarto é garantir espaço para o sono e para guardar as roupas. Portanto, quando perguntarmos aos objetos residentes sua razão de ser, a resposta deve ser relacionada a descanso, relaxamento ou vestuário — caso contrário, eles talvez sejam deportados.

Sua cama deve estar toda envaidecida agora, sabendo que vai passar na prova com mérito. Os objetos em cima da mesa de cabeceira, penteadeira ou cômoda podem ter um pouco mais de medo — mas alguns deles, na verdade, têm todo o direito de estar lá. O despertador está seguro, assim como seus óculos, lenços de papel e o livro que você está lendo agora. Você pode manter o vaso de flores e algumas velas — eles definitivamente ajudam a criar uma atmosfera romântica ou relaxante. Outros objetos podem ganhar acesso a esse espaço cobiçado e aconchegante — mas, para falar a verdade, não consigo pensar em muitos. "Porque não há mais onde pôr" *não* é um bom motivo para continuar com eles.

Agora, vamos encarar as coisas que não são daqui, mas que vivem tentando entrar à força. O maldito monte de roupa suja, por exemplo; claro, a cama é uma superfície excelente para dobrar roupas — mas dobre-as e acabe com isso de uma vez! Pilhas de meias e camisetas não conduzem exatamente a uma noite romântica. O mesmo vale para os brinquedos do seu filho pequeno — é difícil esquentar o clima perto de uma multidão de bichos de pelúcia.

Materiais de artesanato são outro problema. Eles muitas vezes migram para esse cômodo quando não encontram abrigo em outros lugares. Mas, a menos que você tricote enquanto dorme, lã e agulhas devem ser expulsas do quarto. Se for uma atividade que você pratica antes da hora de dormir, faremos uma exceção; nesse caso, guarde as coisas numa caixa ou sacola e coloque-a embaixo da cama. Pelo mesmo princípio, encontre outro lugar para armazenar equipamentos de ginástica e acessórios de computador — HDs externos e pesos manuais não são nem um pouco relaxantes.

Talvez eu esteja sendo injusta com os bibelôs, porém acho que eles não têm muito espaço no quarto. Alguns casos especiais são aceitáveis, mas questione se você precisa mesmo de quinze deles alinhados em cima da cômoda. Quanto mais coisas estiverem em cima da superfície, mais difícil será limpá-la — e ninguém gosta de perder tempo com tarefas domésticas.

Agora, vamos ver de que outras formas podemos Restringir — na minha opinião, é aqui que começa a verdadeira diversão minimalista! Eu sempre tive uma veia um tanto quanto rebelde, e quebrar as regras de consumo (ou de decoração) é o meu jeito de entrar em ação. Não há nenhum lugar em que isso seja mais divertido ou socialmente aceitável do que no quarto!

Os quartos são nossos mundinhos particulares. Poucas pessoas de fora entram nesse espaço íntimo e aqueles que entram nos conhecem muito bem (e provavelmente não vão nos julgar pela falta de móveis). Assim, podemos nos sentir livres para explorar nossas fantasias minimalistas aqui sem nos preocuparmos com as normas sociais. Parece divertido, não parece? Na sua sala de estar, pode ser estranho acomodar hóspedes no chão, mas, no quarto, ninguém vê (ou se importa) se você dorme no chão.

Quando criança, tive um quarto digno de princesa: uma linda cama com dossel, edredom e cortinas florais e todo um conjunto de penteadeira, cômodas e estantes. Quase todos os espaços eram ocupados por algum móvel, com a exceção de alguns poucos metros ao lado da cama. Por mais bonito que fosse, eu achava sufocante; nunca sentia que tinha espaço suficiente para esticar meus membros infantis e me mover livremente. Na adolescência, convenci meus pais a me deixarem "redecorá-lo". Lá se foram as cômodas, a penteadeira e as mesas de cabeceira, e troquei a cama chique por uma cama box simples. Meu quarto passou de 80% de móveis e 20% de espaço de piso para o oposto — e eu adorei a transformação. (Ah, e assim nascia uma minimalista!)

Atualmente, eu e o meu marido não temos nada no quarto com a exceção de um colchão de futon no chão. Pode não funcionar para todo mundo, mas para a gente funciona. Ao eliminar a armação da cama, também eliminamos a necessidade de mesas de cabeceira. Em vez de usar cômodas, guardamos todas as roupas nos closets, dispostas em cabides organizadores e várias caixas. Não temos uma penteadeira, preferimos realizar todos os cuidados pessoais no banheiro. Manter as coisas restritas ao mínimo possível dá ao nosso quarto um ar aberto, arejado e espaçoso — exatamente o que queremos depois de um dia agitado.

O que quero destacar é que você não precisa ter determinados móveis apenas porque é isso o que se espera. Só porque um conjunto de móveis de quarto tem seis peças, não significa que você precise comprar (ou manter) todas elas. Nem todo mundo precisa de uma penteadeira; nem todo mundo precisa de uma cômoda; nem todo mundo precisa de uma mesa de cabeceira. Ora, nem todo mundo precisa de cama! Esqueça o que todas as revistas de design lhe contaram sobre como uma suíte deve ser. Em vez disso, pare e reflita sobre o que *você* realmente precisa. Restrinja os móveis no seu quarto a um mínimo funcional e recupere todo aquele espaço maravilhoso — os vizinhos nunca precisarão saber que você vive sem mesa de cabeceira.

Procure formas de minimizar seus lençóis também. Questione se você precisa ter roupas de cama separadas para inverno e verão; na maioria dos climas, algodão simples bastará para o ano todo. De acordo com o mesmo princípio, escolha um edredom (e uma coberta) que funcione para todas as estações. Em vez de estocar lençóis para um exército, reduza sua coleção ao essencial. Ao fazer escolhas conscientes, você pode reduzir o conteúdo do seu armário de roupas de cama sem sacrificar o conforto.

CONTENHA

Para que nossos quartos sejam pacíficos e serenos, tudo neles deve ter um lugar. Quando as coisas estão guardadas, prevalece uma sensação de calma; objetos soltos, por outro lado, perturbam o ambiente de descanso.

Definir áreas no quarto é fácil — você vai precisar de uma para dormir e outra para se vestir. Também pode precisar de uma área para se arrumar (se maquiar, arrumar o cabelo e coisas do tipo), especialmente se divide um banheiro com outros membros da casa. Eu não apoio que se tenha uma área de escritório no quarto, a menos que realmente não haja outro espaço para ela; nesse caso, faça o possível para separá-la do espaço principal. É difícil pegar no sono com uma mesa tomada por pilhas de trabalho, contas para pagar e outras coisas estressantes no campo de visão. Ponha uma divisória ou pendure uma cortina para esconder a área quando ela não estiver em uso.

O Círculo Próximo do seu quarto deve conter os objetos de uso diário: um despertador, óculos de leitura, itens de beleza e roupas da estação. Claro, todas essas coisas devem estar em seus lugares apropriados, e não espalhadas pelo quarto. As roupas devem ficar no armário e nas cômodas — e não empilhadas no chão ou penduradas no encosto das cadeiras. Crie o hábito de dobrar, pendurar ou colocar suas roupas no cesto assim que tirá-las. Guarde os cosméticos num estojo ou caixa de maquiagem e certifique-se de que todos os acessórios — como sapatos, cintos, bolsas de mão e joias — tenham espaços designados para eles em seu armário ou gavetas. As coisas do seu Círculo Próximo devem estar ao alcance, mas não necessariamente em seu campo de visão.

Reserve o Círculo Distante para coisas como roupa de cama extra e roupas de outras estações. Quanto ao Estoque Oculto, não consigo pensar em nenhum objeto de quarto que possa ficar nele. Despensas e porões não são bons lugares para se armazenar roupas de cama; além disso, todas as que você possui devem ficar em rodízio na sua casa.

Se você não tem um armário para roupas de cama em nenhum outro lugar da casa, use módulos para elas no quarto. Caixas de plástico embaixo da cama são perfeitas para armazenar lençóis, fronhas e cobertas. Faça o mesmo com todos os quartos da casa, assim todos terão acesso fácil e imediato a suas próprias roupas de cama. Dessa maneira, você vai evitar a bagunça que pode resultar de elas ficarem todas empilhadas numa prateleira.

Depois que tiver consolidado as roupas de cama, você pode ficar surpreso com quantas possui. Lençóis e cobertas parecem se reproduzir quando não estamos olhando. Com certa frequência, compramos um conjunto novo — porque queremos dar uma cara nova para o quarto, porque nossos antigos estão ficando gastos ou porque há convidados a caminho — sem nos preocupar com os que possuímos. Os antigos são relegados a uma pilha de "reforço", e nossa coleção cresce a cada ano que passa. Colocá-los em módulos oferece uma excelente oportunidade para reduzi-los a uma quantidade razoável.

Dê um passo além e limite as roupas de cama a determinado número. Dois conjuntos de lençóis por cama costumam ser suficientes e podem ser trocados de acordo com o calendário de lavagem de roupa. No caso de cobertas e mantas, o clima também representa um papel; quanto mais quente a região, de menos você vai precisar. Em geral, não guarde mais roupas de cama do que você e sua família (e os convidados) são capazes de usar. Seja fiel à regra Entra-Um-Sai-Outro: da próxima vez que adquirir uma roupa de cama nova, doe a antiga — e pense que está aquecendo e confortando os mais necessitados.

Se mantiver itens de beleza no quarto, faça módulos para eles também. Armazene cosméticos, pentes, escovas e produtos para cabelo num pequeno saco ou caixa que possa ser guardado quando não está em uso. Por que mostrar todo o seu arsenal de itens de beleza para que seu parceiro (ou hóspede) veja? Melhor manter um pouco do mistério do que arruinar a atmosfera romântica com uma fileira de sprays de cabelo, talco para os pés ou desodorantes em cima da cômoda. Você também pode designar uma pequena bandeja, caixa ou gaveta para as coisas que saem de seus bolsos todos os dias, como carteira, moedas, recibos e chaves. Reunir os objetos os torna mais arrumados e fáceis de encontrar na manhã seguinte.

MANTENHA

Agora vamos falar da superfície mais importante desse cômodo: a cama. Ela sempre deve estar vazia — sem exceção. A cama é essencial para a sua saúde e o seu bem-estar e é usada durante pelo menos um quarto do dia; portanto, deve estar sempre pronta para cumprir seu propósito.

A cama é uma superfície funcional, e não decorativa — por isso, restrinja as almofadas bonitinhas e outros itens não essenciais ao mínimo possível. É muito chato esvaziar a cama toda noite antes de se deitar, e, quanto menos coisas você tiver de arrumar e pôr em ordem, melhor. Pegue o exemplo de hotéis de luxo e mantenha a simplicidade: fronhas e lençóis brancos lisos com um edredom fofinho compõem um retiro minimalista exemplar. Observe apenas que quando digo que a cama é uma superfície funcional, não quero dizer que ela sirva a toda função imaginável; ela não serve, por exemplo, para ser seu depósito de roupas sujas, sua estação de trabalho nem o quarto de brinquedos dos seus filhos. Se acontecer de ela servir a um desses propósitos temporariamente, retire as roupas, a papelada ou os brinquedos das crianças em seguida.

Claro, a cama não é a única superfície que exige monitoramento. Quanto mais móveis você tem — criados-mudos, penteadeiras, cômodas, mesas — mais vigilante você precisa ser (um ótimo motivo para ter menos móveis!). Não permita que eles acumulem objetos avulsos. Esvazie suas superfícies e reserve-as para meia dúzia de coisas que realmente devem ficar ali. Por último, mas não menos importante, não se esqueça do chão. Expulse todas as pilhas de livros e revistas (quantos você consegue ler ao mesmo tempo, afinal?) e tudo o mais que possa ter se acumulado enquanto você não prestava atenção. Acima de tudo, não deixe nenhuma roupa no chão, abrindo precedente para a criação de uma pilha. Quando começa a deixar as roupas no chão, você passa a ter um problema muito maior — uma montanha crescente de trajes não é boa nem para o ambiente nem para as roupas. Na verdade, a única parte do chão em que se podem guardar coisas é embaixo da cama. Faça uso — mas sem abusar! — do espaço de armazenamento favorito de todo mundo; em outras palavras, não faça dele um esconderijo da bagunça.

Embora o quarto não seja tão requisitado para atividades como os outros cômodos da casa, a manutenção diária desse espaço é necessária para que ele se conserve limpo e organizado.

Tarefa número 1: arrume a cama todos os dias. Essa simples iniciativa — que consome poucos minutos do seu tempo — pode transformar completamente o visual do quarto, além de dar o tom de como vai ser o seu dia. Uma cama bem-feita é um dos pequenos prazeres da vida, convidando-o a relaxar e entrar debaixo das cobertas depois de um dia estressante. Além disso, ela exala tranquilidade e organização e é um bom estímulo para manter o quarto sempre limpo e em ordem. Quando a cama está desarrumada, a bagunça no resto do quarto não parece tão evidente — o conjunto todo fica prejudicado. Mas quando a cama está perfumada, lisinha e com dobras perfeitas, a bagunça não tem como se camuflar, e é menos provável que ela se acumule no cômodo.

Número 2: vasculhe o quarto à procura de roupas teimosas. Às vezes, quando tiramos uma jaqueta, uma blusa ou as meias — principalmente se não vemos a hora de cair na cama após um dia cheio —, essas peças de roupa acabam sem chegar ao destino apropriado. Assim que perceber a presença de um desses itens avulsos, guarde-o no lugar. Pode ser muito difícil encurralar sapatos ou bolsas de mão — essas peças adoram dar uma voltinha por aí, e quase sempre há um grupo à espera delas perto da porta. Reserve um espaço só para eles no closet (ao qual eles devem retornar toda noite) para que não ocupem o *seu* espaço no quarto.

Número 3: monitore a entrada de "convidados" penetras. Como o quarto é uma área íntima, algumas coisas se esforçam para entrar (em geral trazidas pelas mãos de outras pessoas da família). Se você vir um bichinho de pelúcia de seu filho mais novo e a raquete de tênis do seu marido escondidos num canto, não deixe que passem a noite lá — mostre a eles o caminho de volta. Da mesma forma, quando terminar de ler aquele romance policial, não deixe que ele fixe residência no seu criado-mudo. A menos que você tenha uma estante de livros no quarto, leve-o de volta ao seu módulo, que pode ficar na sala de estar ou no escritório. Se limpar o quarto antes de fechar os olhos, você vai dar de cara com um lugar maravilhoso e tranquilizante a cada manhã!

23
Closet

Agora é a hora de organizar o closet. Se tem roupas de sobra, mas nada para usar, este capítulo é para você. Vamos aprender que reduzir nossas peças de roupa pode nos poupar tempo, dinheiro, espaço e nos livrar do estresse — ao mesmo tempo que nos ajuda a nos vestir bem. Possuir um guarda-roupa enxuto é uma das maiores alegrias de ser minimalista!

Esvaziar o guarda-roupa não precisa ser um fardo, pode ser uma festa! É uma das minhas atividades de organização favoritas. A tarefa é sem dúvida mais fácil do que lidar com um cômodo inteiro: não há móveis com que se preocupar, quinquilharias sobre as quais decidir nem coisas de outras pessoas com que lidar. Para ser sincera, penso nisso mais como um "tempo para mim" do que como um tempo de limpeza. Gosto de pôr uma música, servir uma taça de vinho e encenar meu desfile de moda particular enquanto reviro meu guarda-roupa. Expulsar coisas velhas e fora de moda e planejar looks novos e fabulosos rendem algumas horas de diversão, e o espaço economizado no armário é uma recompensa maravilhosa.

Para recomeçar, tire tudo do closet, das cômodas e do guarda-roupa e coloque as peças em cima da cama. Quando digo tudo, quero dizer tudo *mesmo*! Alcance os cantos esquecidos e tire de lá a calça boca de sino, a saia balonê e o vestido que usou para ser madrinha do casamento da sua irmã. Pegue a bota de caubói, a sandália plataforma e o sapato de salto fino em que você nunca conseguiu andar. Retire das gavetas todas as cuecas, as lingeries, as meias, os pijamas e as meias-calças e enfilere suas bolsas para inspeção. Continue assim até ter esvaziado todas as gavetas, as prateleiras e os cabides.

Mas, antes de continuar, vamos parar e fazer um exame de consciência. Para criar um guarda-roupa minimalista, precisamos saber o que é *certo* para nós. Tire um tempinho para ponderar sobre seu estilo pessoal: ele é clássico, esportivo, engomadinho, punk, boho, hipster, vintage, romântico ou moderno? Você prefere cores pastéis, vibrantes ou primárias? Fica melhor com roupas justas ou largas e esvoaçantes? Que tecidos o deixam confortável? Tenha suas respostas em mente enquanto avalia suas roupas. Você vai perceber que as peças que não combinam com o seu estilo ou com as suas preferências talvez passem mais tempo no guarda-roupa do que no seu corpo.

Em seguida, imagine que um incêndio, uma enchente ou outro desastre tenha destruído todo o seu guarda-roupa, obrigando-o a reconstruí-lo do zero. Seu orçamento é limitado, então você precisa tomar decisões inteligentes. Tenha em mente os itens básicos e essenciais de que irá precisar em uma semana comum. Sua lista pode incluir meias, cuecas ou lingeries, um ou dois pares de calças, algumas camisas, um casaco, um par de sapatos versátil e talvez uma blusa, uma saia e um par de meias-calças (esqueça os últimos dois se for um homem). Você precisa de itens que se adequem tanto ao trabalho como ao fim de semana e que possam ser sobrepostos, deixando-o confortável em várias temperaturas. É necessário que você possa combiná-los para criar uma variedade de looks a partir de poucas peças. Esse exercício evidencia quais são suas peças mais funcionais e estabelece uma boa base para um guarda-roupa minimalista.

ORGANIZE

Agora que está tudo fora do guarda-roupa, experimente todas as peças. Se você não usou o vestido de festa ou o terno nos últimos cinco anos, como saberá se ele continua servindo? Vista um item de cada vez e dê uma ou duas voltinhas diante do espelho. Todos sabemos que o fato de que algo fica bonito no cabide não quer dizer que fique bem em nós; e, por outro lado, um item que é sem graça sozinho pode ganhar vida quando for vestido.

Monte as suas pilhas de Tralha, Tesouro e Transferência e se prepare para tomar algumas decisões importantes. Use caixas ou sacos de lixo para os descartes — não para jogá-los fora, mas para mantê-los longe da vista. Você reduzirá a tentação de resgatar coisas da pilha de desapegos. Se sua força de vontade começar a vacilar, faça uma pausa e releia os capítulos de filosofia na primeira parte deste livro. Às vezes, só é preciso um estímulo para seguir em frente!

Na sua pilha de Tralha, coloque todos os itens que não têm conserto (ou que, pelo menos, você não consegue ou deseja consertar) —, como aquele suéter furado ou a camisa com uma mancha teimosa. Se não pode tirá-los do guarda-roupa, vesti-los e usar em público, o lugar deles não é ali. Isso não significa que o destino deles seja o lixo. Se for possível reciclá-los ou mudar seu propósito, melhor — mas só se você tiver um uso específico em mente.

Se precisássemos lidar apenas com itens velhos, organizar seria fichinha! No entanto, a maioria das roupas se desgasta muito antes de ficar velha. Coloque na pilha de Transferência todos os itens que fazem você se sentir constrangido, desconfortável ou fora de moda — em outras palavras, todas as roupas em perfeito estado que não servem mais para *você*. Em vez de deixar que definhem no guarda-roupa, dê a elas a chance de uma nova vida. Se alguma delas ainda estiver com etiqueta, tente devolvê-la — a maioria das lojas aceita devolução de itens em até trinta dias após a compra, desde que não tenham sido usados. Se não, tente vendê-las on-line ou num brechó ou doe-as para uma instituição de caridade.

Siga o método dos Dez Passos para encontrar seus Tesouros e você logo estará diante de um guarda-roupa minimalista. Mas se preferir trabalhar mais lentamente, eis uma técnica alternativa que exige pouco esforço. Compre fitas nas cores verde, amarelo e vermelho. Depois de usar um item, amarre no cabide um laço verde se ele fez com que você se sentisse incrível, vermelho se o fez se sentir malvestido ou amarelo se o deixou em dúvida. Ao fim de seis meses, mantenha os de laços verde e amarelo como seus Tesouros e distribua os vermelhos nas pilhas de Tralha e Transferência. Se algo não tem um laço, significa que nem foi usado — e fica fácil saber exatamente para onde ele deve ir!

O motivo principal para decidir se uma peça deve ou não ficar é o uso que você faz dela. Parece óbvio, não é? Então isso justifica que você mantenha a maioria das suas roupas, certo? Não é bem assim. Ainda de acordo com o princípio de Pareto, nós usamos 20% do guarda-roupa durante 80% do tempo. Epa! Isso significa que *não usamos* a maioria das nossas roupas — ou pelo menos não com tanta frequência. Conseguiríamos reduzir nosso armário a um quinto do que ele é hoje e dificilmente sentiríamos falta de alguma coisa.

Roupas que *cabem* em você têm um bom motivo para ficar no seu guarda-roupa. Por outro lado, se elas não cabem, você não tem como usá-las; e, se não tem como usá-las, por que mantê-las? Não guarde roupas diferentes para pesos diferentes; presenteie-se com um guarda-roupa novo *depois* de perder alguns quilinhos. (Que ótimo incentivo para pular a sobremesa e correr para a academia!)

Itens que ficam *bem* em você também são bem-vindos ao guarda-roupa. Descubra o tipo de manga que deixa seu braço sexy e o comprimento de saia que mostra melhor suas pernas. Defina as cores que combinam com seu tom de pele e as que o apagam. Baseie seu guarda-roupa em seu corpo, e não em tendências. Ao avaliar uma roupa, leve em conta se ela seria uma boa escolha para encontrar o ex casualmente na rua ou para ser fotografada sem aviso prévio. Se a resposta for "não", fora!

Roupas que *combinam com seu estilo de vida* também têm chance de ficar. Liste as atividades para as quais precisa de trajes — como trabalho, funções sociais, jardinagem, tempo livre e exercício — e avalie as peças de acordo com elas. Resista à tentação de ficar com roupas de "fantasia"; um armário cheio de vestidos de coquetel não faz de você uma socialite. Dedique o espaço ao que irá usar na vida real. Adapte seu guarda-roupa para acomodar as mudanças em sua vida; expulse os ternos executivos se agora trabalha em casa e se desapegue do casaco de pele caso tenha se mudado para um local de clima mais quente.

Não guarde uma peça apenas porque pagou caro por ela. Sei que é difícil se desfazer do suéter de caxemira ou dos sapatos de marca, mesmo que você nunca os use — como ainda estão no seu guarda-roupa, talvez você sinta que o dinheiro não foi desperdiçado (sei bem como é). Mas você vai se dar melhor vendendo-os para resgatar parte do valor ou doando-os para caridade. Nesse último caso, pelo menos o dinheiro "desperdiçado" vai para uma boa causa.

Em essência, um guarda-roupa minimalista é popularmente conhecido como um guarda-roupa básico: um pequeno conjunto de peças essenciais que podem ser misturadas e combinadas numa grande variedade de looks. Primeiro, selecione uma cor de base — como preto, marrom, cinza, azul-marinho, creme ou cáqui — e limite suas peças fundamentais (como calças e saias) a esse tom. Escolhi o preto — especialmente porque ele cai bem em mim, é bom para viajar e esconde manchas — e expulsei todos os azuis-marinhos, marrons e caramelos no processo. Minha estratégia não só diminuiu o tamanho do meu guarda-roupa como me ajudou muito a reduzir meus acessórios. Fiquei encantada ao descobrir que não precisava mais de sapatos e bolsas de diversas cores. Bolsa ou sapatos pretos combinam com tudo no meu guarda-roupa — o que significa que consigo viver com uma quantidade muito menor desses itens.

Não se preocupe, essa estratégia não a obriga a ter um guarda-roupa monocromático — agora você pode escolher algumas cores de destaque. Selecione alguns tons que lhe caem bem e que combinam com a cor neutra que você elegeu (escolhi vinho, roxo, azul-turquesa e verde-esmeralda). Seja fiel a essas cores quando for escolher camisas, blusas e outras peças para combinar com o básico. Para ter mais variedade, você pode escolher uma segunda cor neutra: eu tenho saias e calças cinza além das pretas. Opte por cáqui além de marrom, ou creme além de azul-marinho — só faça questão de que todas as cores possam se misturar e combinar entre si. O ideal é que você consiga se vestir no escuro e ficar incrível.

Em seguida, concentre-se na versatilidade. Todo candidato a entrar em seu guarda-roupa básico deve ser multifuncional; é preciso que você possa usá-lo em diversos climas e ocasiões. Opte por peças que possibilitem sobreposições em vez de peças pesadas e volumosas: um cardigã e uma jaqueta, por exemplo, podem ser usados com muito mais frequência do que um casaco pesado. Prefira silhuetas simples às mais espalhafatosas: uma camiseta com gola V combina com muito mais peças do que uma drapeada. Escolha itens que combinem com tudo, em vez de com quase nada: sapatos de salto pretos básicos são infinitamente mais versáteis do que um salto agulha verde-limão.

Dê preferência a trajes que possam transitar entre ocasiões elegantes e informais. Esqueça as lantejoulas, os moletons e qualquer outro item que seria chique demais ou casual demais na maior parte das situações. Em vez disso, escolha uma blusa que possa ser usada em um jantar depois do trabalho; um vestido que fique elegante com um colar de pérolas e despojado com um par de sandálias; uma camisa que funcione com terno e gravata e também com calça jeans. Quer dar uma incrementada? Faça como os sempre elegantes franceses e use acessórios chiques — uma gravata fina, um cinto estiloso ou um bracelete ousado — para dar mais vida a roupas simples e clássicas. Já notei que quando eu acrescento um lenço chamativo a peças antigas alguém sempre elogia a minha "roupa nova". Este é o poder dos acessórios: eles renovam rapidamente um look antigo e ocupam pouco espaço no armário.

CONTENHA

Mantenha todas as roupas em sua área de vestuário — seja ela um closet, uma cômoda, um guarda-roupa ou um conjunto de prateleiras. Não deixe que os sapatos passeiem pela sala de estar ou que as camisas se escondam no guarda-roupa do seu cônjuge. Para tanto, defina um lugar para cada coisa: dedique determinadas prateleiras às camisetas, outras para cuecas ou lingeries e algumas seções do guarda-roupa para casacos, ternos e vestidos. No Círculo Próximo, acomode os itens que você usa todos os dias ou toda semana — como meias, cuecas e lingeries, pijamas, roupas de trabalho, roupas de fim de semana, roupas de academia e roupas de ficar em casa. Mantê-las acessíveis economiza tempo na hora de se vestir e de guardá-las.

Reserve o Círculo Distante para roupas que você usa com menos frequência — de uma a duas vezes por mês a uma ou duas vezes por ano. Roupas sociais e trajes formais provavelmente irão morar aqui. Por que ficar com eles se você quase nunca os usa? Porque são grandes as chances de você ser convidado para um casamento, uma festa ou outra ocasião especial, e é menos estressante ter algo à mão do que sair para comprar. Isso não significa que você precise ter três smokings ou cinco vestidos de baile; um terno ou um vestidinho preto pode bastar. Como essas ocasiões são raras, é possível repetir a roupa sem grandes problemas. O Círculo Distante também pode conter roupas especializadas e sazonais, como roupas para neve e trajes de banho. Passe-as para o Círculo Próximo na época do ano apropriada.

Pouquíssimas roupas devem ir para o Estoque Oculto (se é que alguma delas irá). Itens sentimentais, como vestidos de noiva, são possíveis candidatos, caso você decida ficar com eles. Você também pode usar o Estoque Oculto para guardar as roupas dos filhos que serão usadas por um irmão mais novo. Só tome cuidado com o lugar onde as armazena: porões e garagens podem danificar o tecido e apressar sua ida para a pilha de Tralha. Se for possível, encontre em sua casa um lugar distante e com a umidade controlada.

Consolidando suas roupas em módulos, os resultados podem ser impressionantes! Você pode descobrir que possui dez calças pretas, vinte camisetas brancas ou trinta pares de sapato. Quando os vir todos juntos, logo irá perceber que tem *mais* do que o suficiente. A ideia é *manter* todos consolidados, para que você nunca caia na tentação de aumentar a coleção. Pendure todas as saias juntas, as calças juntas, os vestidos juntos e os casacos juntos. Mantenha pijamas, roupas de academia e blusas de frio guardados nas prateleiras e meias, cuecas ou lingeries escondidos nas gavetas.

Se quiser, você pode subdividir os módulos em "categorias" de cor, clima ou estilo. Por exemplo, guarde todas as calças azul-marinho, os blazers marrons ou as bermudas cáqui juntos. Você pode dividir as camisetas em regatas, manga curta ou manga longa e as saias em minissaias, médias e longas. Você pode dividir os vestidos em casuais e formais e os ternos em verão ou inverno. Quanto mais específicos forem os módulos, mais fácil será estocar o que você possui. Faça o mesmo com os acessórios — não é porque são pequenos que eles devem ser deixados de lado. Reúna os lenços e cachecóis e divida-os de acordo com as estações. Agrupe os sapatos e divida-os por atividade (quantos pares de tênis você tem?). Junte todas as joias e divida-as entre brincos, colares, anéis e pulseiras. Reúna as bolsas e divida-as por cor ou função.

Depois que tiver separado tudo, será hora de cortar. Se você descobrir que tem itens demais em uma única categoria, mantenha apenas os melhores e mais atraentes — afinal, é provável que sejam os que você continuará usando. Ter alguns itens repetidos é compreensível: poucas pessoas conseguem viver com uma única camisa ou calça. Até os monges budistas costumam ter dois mantos! O problema começa quando você possui tantos itens similares que mal consegue usar todos eles. Escolha os melhores e mais bonitos e livre-se do restante.

Por fim, estabeleça limites para suas roupas para que elas continuem em ordem. Isso não quer dizer que você precisa sair correndo para comprar vinte caixas de plástico — você pode simplesmente manter cada módulo em determinada prateleira, gaveta ou seção do guarda-roupa. Para os itens pequenos, porém, é melhor que fiquem organizados em recipientes: use bandejas, caixinhas ou cestas para meias-calças, lenços, relógios e joias. Isso mantém a organização e impede o acúmulo de itens.

Em uma era de produção em massa, roupas são baratas e facilmente encontráveis; podemos sair comprando tudo e voltar com o carro cheio se tivermos vontade. Além disso, a moda sempre muda — o que está em alta nesta estação pode estar fora na estação seguinte e ser substituído por toda uma nova série de itens obrigatórios. Nossos bisavôs só podiam adquirir algumas peças por ano, mas nós não temos essa restrição. Não é de admirar que nossos guarda-roupas estejam tão entupidos!

É por isso que os Limites representam um papel tão importante nos guarda-roupas minimalistas: eles mantêm os trajes e os acessórios em um nível controlável. No sentido mais amplo, portanto, limite suas roupas ao espaço de armazenamento disponível — não permita que elas transbordem do guarda-roupa para o quarto. Melhor ainda: em vez de encher o guarda-roupa até o limite, remova itens suficientes para que entre um pouco de ar. Não é bom para as suas roupas (ou para o seu nível de estresse) que você tenha de sofrer para tirá-las de cabides ou enfiá-las em gavetas. Com isso em mente, vamos rever a afirmação prévia: limite suas roupas a *menos* do que o espaço disponível.

É claro que não tenho como dizer quantas camisas, blusas ou calças você precisa ter — cabe a você encontrar esse número. Quando me mudei para o exterior, só consegui que coubessem quatro pares de sapato na minha bagagem, e foi o que mantive. Quando comprei um cabide que abrigava cinco saias, reduzi a minha coleção a esse número. Limitei os casacos a um por estação e as meias e lingeries a uma quantia que durasse dez dias. Seus limites serão diferentes dos meus e dependem da sua situação pessoal e do seu nível de conforto. Divirta-se vendo quantos looks pode montar a partir de um número fixo de itens — é uma ótima oportunidade para exercitar seu estilo e sua criatividade.

É mais rápida a mudança da moda do que o desgaste de nossas roupas; assim, se comprarmos novos itens a cada estação, os guarda-roupas irão lotar rapidamente. Por isso, quando atualizamos o guarda-roupa, devemos também livrá-lo do que é datado, do que não cabe mais e do que deixamos de gostar. Aplique a regra Entra-Um--Sai-Outro e faça uma troca de igual por igual: se trouxer para casa um novo par de tênis, mande um antigo passear; se ostentar um vestido novo, mande um sair dançando porta afora; e se comprar um novo terno executivo, aposente um antigo. Assim, seu guarda roupa será uma coleção nova em constante mudança, em vez de um arquivo morto do passado da moda.

E se suas roupas antigas forem "boas demais" para que você se desfaça delas, questione se precisa mesmo de algo novo. De que adianta aumentar o guarda-roupa se seu estilo atual está perfeitamente adequado? Não se sinta pressionado a seguir as tendências da moda — elas não passam de uma estratégia de marketing, feita para separar você do seu suado dinheirinho. Em vez de comprar os itens obrigatórios de cada estação, invista em peças clássicas que nunca saem de moda. Você terá uma conta bancária mais generosa, um guarda-roupa mais espaçoso e muito menos arrumação para fazer.

MANTENHA

Liberamos espaço no guarda-roupa e aprendemos a ficar estilosos com menos coisas. Estamos de parabéns pelo trabalho bem-feito! Agora precisamos garantir que as coisas não saiam do controle novamente.

Em primeiro lugar, mantenha o guarda-roupa arrumado. Assim que tirar um artigo de roupa, pendure-o, dobre-o ou jogue-o no cesto. Ao guardar as coisas nos módulos apropriados, você terá sempre uma boa noção do que possui — e irá eliminar o risco de que cinco blusas novas entrem sem ser notadas. Mantenha o piso do closet livre utilizando módulos verticais, como prateleiras, sapateiras, araras ou organizadores de cabides. Isso impede que a bagunça se acumule e mantém as roupas em melhores condições. Quando estiver se vestindo para uma entrevista de emprego ou para um primeiro encontro, a última coisa que você quer é pegar a blusa ou o blazer no chão do closet.

Em segundo lugar, cuide de suas roupas — você não pode se dar ao luxo de que um item crucial seja colocado de lado por uma mancha de lama ou uma bainha desfiada. Use o bom senso para evitar danos: não use seu sapato de camurça na chuva nem a calça branca para ir ao jogo de futebol do seu filho. Um pouco de manutenção preventiva ajuda muito: costure pequenos rasgos antes que fiquem maiores e elimine as manchas antes que se tornem resistentes. Se você cuidar com carinho de suas roupas, não irá precisar de tantas reposições.

Em terceiro lugar, fique longe das lojas. Não compre para se divertir, para se entreter ou por puro tédio — é assim que você se mete em encrenca! Sabe como é: você está vagando por uma loja de departamento e um vestido fofo chama a sua atenção. Quarenta minutos depois, você está indo embora com ele — além de sapatos, uma bolsa, um xale, um par de brincos e mais algumas peças que pegou pelo caminho. Evite a tentação e não ponha os pés numa loja (e isso inclui ficar longe de lojas on-line) até precisar *definitivamente* de algo. Faça um inventário de suas roupas e leve-o com você quando for às compras — se você já tem 23 camisas na lista, isso talvez evite que compre uma 24ª.

Por fim, retire o excesso a cada mudança de estação. Outono e primavera são ótimas épocas para reavaliar o guarda-roupa. Quando estiver desenterrando seus casacos ou blusas para o inverno que vem chegando, reserve um tempinho para examiná-los. A jaqueta que você adorava no ano passado pode parecer velha, antiquada ou feia agora; a calça skinny pode ter ficado justa *demais* desde a última vez em que você a vestiu. Expulse tudo que acha que não vai usar mais e comece a nova estação com um pouco de espaço extra no guarda-roupa!

24
Escritório

Agora é que começa o trabalho árduo: organizar o escritório. Vamos desenterrar nossas escrivaninhas de baixo de montanhas de papéis e elaborar métodos para evitar acúmulos futuros. Pode parecer uma tarefa colossal, mas vamos dar um passo de cada vez — e juro que isso é muito mais divertido do que pagar contas ou fazer a declaração de imposto de renda. Além disso, as recompensas valerão o esforço: seu novo espaço vazio e magnífico irá deixá-lo mil vezes mais produtivo!

Imagine que você está sentado à mesa, trabalhando muito num projeto importante. Tudo vai bem, quando, de repente, surge a necessidade de encontrar um documento específico. "Ops", você pensa, olhando para os montes de papéis espalhados pela mesa. Você range os dentes e mergulha nelas, rezando para que o documento se materialize sem muito esforço. Mas não foi dessa vez. Você folheia a pilha cada vez mais desesperado — nesse meio-tempo, descobre uma conta para pagar, um formulário que precisa ser enviado e um recibo que deve ser arquivado. Você resolve esses problemas e depois retoma a busca; quando está prestes a desistir, encontra o documento em uma pilha do outro lado do cômodo. Mas, a essa altura, já perdeu a concentração e o tempo está curto; o projeto vai ter de esperar, incompleto, até outro dia.

Quando o espaço está arrumado, você consegue trabalhar sem distração e ser mais produtivo. Uma escrivaninha descuidada, por outro lado, é uma pedra no meio do caminho. Se o espaço estiver caótico demais, você pode não conseguir fazer nada!

Mas como Recomeçar? Aqui, mais do que em qualquer outro local, é vantajoso dividir a tarefa em partes menores. Em vez de colocar mesas, estantes e gabinetes no corredor, vamos ter de atacar o *conteúdo* desses móveis primeiro. Se pudermos reduzi-los a apenas um, maravilha! No entanto, papéis e material de escritório são pequenos e numerosos; uma gaveta ou pasta pode ser tudo o que você consegue resolver de cada vez. Não caia na tentação de se apressar — reserve tempo para ser meticuloso e seus esforços terão um impacto muito maior.

Esvazie completamente a gaveta ou a prateleira escolhida. Em vez de pegar um ou dois itens para expulsar, lance mão de seu caminhão de lixo interior e revire todo o conteúdo. Quando tudo estiver no chão, você pode dar a consideração devida a cada objeto e decidir se vale ou não a pena ficar com ele. Se já teve a fantasia de ser uma entidade onipotente, essa é sua chance: o destino de centenas de grampos, clipes de papel, canetas, lápis e elásticos está em suas mãos. Use sua magia divina e crie um paraíso minimalista!

No processo, pense com cuidado em como e onde irá estocar a papelada e os materiais. Só porque o grampeador sempre esteve no canto esquerdo da gaveta não quer dizer que ele deva voltar para lá. Recomeçar é uma oportunidade maravilhosa de agitar as coisas e testar uma nova configuração — uma chance de estruturar seu espaço de trabalho para obter facilidade e eficiência máximas.

ORGANIZE

Primeiro, comece pelas coisas fáceis: livre-se de todos os folhetos de propaganda acumulados. A grande maioria deles — ofertas de cartão de crédito, circulares de vendas, catálogos e panfletos — tem pouca importância para a vida. Se um deles não é importante *agora*, mostre-lhe o caminho da lata de reciclagem. Não gaste tempo tomando decisões, siga em frente e expulse-o como se ninguém fosse se importar. É muito improvável que você se arrependa de jogar fora um folheto de propaganda.

Aproveitando que já está aqui, jogue fora (ou recicle) tudo o que for claramente Tralha: canetas ressecadas, clipes enferrujados, elásticos esgarçados, borrachas gastas, calendários antigos, lápis quebrados, pastas rasgadas, post-its velhos, envelopes usados, cartuchos de tinta vazios e o que mais você encontrar. Não sei como materiais de escritório danificados e decrépitos conseguem ficar debaixo do nosso nariz por tanto tempo. Junte-os e acabe com o sofrimento deles.

Foi um bom aquecimento, não? Não foi ótimo esvaziar tudo aquilo? Agora que você está animado e entrando no clima, estamos prontos para desafios maiores. Você pode não saber, mas parte do material de escritório "bom" também deve ir para a pilha de Tralha. Antes que você grite "Heresia!", deixe-me explicar. Os materiais de escritório se acumulam ao longo do tempo — às vezes, ao longo de *muito* tempo — e quase nunca os descartamos. Nesse período, a tecnologia, os gostos e as necessidades mudam, tornando alguns objetos definitivamente menos úteis.

Tenho vergonha de admitir, mas, durante minha última limpeza, descobri um pacote de molduras (minhas fotos são todas digitalizadas), uma caixa de disquetes, etiquetas para vhs e, acredite se quiser, corretivo para máquina de escrever. Aposto que não sou a única que encontrou materiais datados num ambiente de trabalho moderno — cave fundo e você irá desenterrar suas próprias antiguidades. Esses itens ainda podem ser funcionais, mas são quase sempre obsoletos, e, se não forem úteis para você nem para ninguém, você sabe o lugar deles.

Já que estamos falando de Tralha, há uma coisinha para acrescentar: computadores e equipamentos eletrônicos quebrados. Na maioria dos casos, já os substituímos por máquinas novinhas em folha. Mas por que o monitor inerte continua morando no canto do escritório? Realmente achamos que vamos ressuscitá-lo se o monitor novo quebrar de repente? A maioria de nós não tem a habilidade tecnológica para consertar esses itens e o custo do conserto é, com frequência, maior que o da substituição. Por isso, se ainda está dando abrigo a uma impressora, um computador ou outro aparelho que já bateu as botas faz tempo, dê o último adeus a ele. Não transforme seu escritório num asilo de máquinas velhas e datadas.

Outros candidatos para sua pilha de Tralha são os documentos e materiais relativos a projetos e interesses antigos. Se você não está mais envolvido neles, liberte essas coisas. Sei que é tentador guardá-los como prova de seu trabalho duro. É exatamente como eu me sentia com os cadernos do mestrado: eles representavam o sangue, o suor e as lágrimas do meu curso sofrido. No entanto, as informações que eles continham eram irrelevantes para minha carreira. No dia em que o caminhão de reciclagem os levou embora, me senti cem quilos mais leve e pronta para olhar para o futuro em vez de me apegar ao passado.

Enquanto você avalia suas coisas, faça um uso generoso da pilha de Transferência. Mesmo que *você* não precise mais de cinquenta pastas fluorescentes ou de um suprimento vitalício de lápis nº 2, outros podem precisar; e esses outros podem ser uma escola, um hospital ou uma ONG, cujo dinheiro será mais bem gasto na oferta de serviços do que na compra de material de escritório. Computadores e equipamentos eletrônicos podem ser especialmente valiosos para essas organizações. Dê alguns telefonemas e ofereça o excesso que possui — o tempo e o esforço para encontrar um novo lar valem o carma positivo.

Agora que expulsou o velho, o quebrado e o obsoleto, olhe atentamente para o que sobrou. Faça perguntas objetivas para determinar quais são os seus Tesouros. Você realmente precisa de cinco cores diferentes de caneta marca-texto ou de seis tipos de envelope? De quantas maneiras precisa ver a data e a hora (se já tem um relógio de pulso, um computador e um celular, o relógio de mesa e o calendário são mesmo necessários)? O peso de papel cumpre sua função ou só está ali porque é bonito? Esses itens parecem triviais, mas podem liberar bastante espaço na mesa.

Para ter um escritório minimalista de verdade, restrinja os materiais ao essencial. Se você envia apenas dez envelopes por ano, não precisa de quinhentos em casa. Se quase nunca usa um elástico, elimine o estoque da gaveta da escrivaninha. Quantos grampeadores, réguas, fitas, apontadores e tesouras você possui? Se a resposta for mais de um, é exagero! Coisas como grampeadores não precisam de estoque; nos raros casos em que um quebrar, ele pode ser substituído de modo fácil e barato. Não utilize espaço valioso para guardar reposições.

Hoje em dia, existe pouca necessidade de estocar coisas. Quase tudo de que você precisa pode ser facilmente obtido na loja do bairro ou na internet — é como ter um armário gigantesco de material remoto e sob demanda. Descubra seu próprio nível de conforto: se você acha que não consegue trabalhar sem um estoque de cinco anos de papel ou de cartuchos de tinta, tudo bem. Mas se seu espaço for restrito ou sua área de armazenagem, escassa, saiba que *sim*, é perfeitamente possível viver com menos. É, no mínimo, uma experiência interessante — e a Terra não vai parar de girar porque seus clipes acabaram.

Com um pouco de criatividade, você também pode restringir os equipamentos de escritório. Torne o laptop seu computador principal e livre-se do desktop. Escolha equipamentos multifuncionais — como uma impressora que também escaneie e tire cópias — para não ter de encontrar espaço para três máquinas diferentes. Desafie-se a realizar o trabalho com o mínimo possível de aparato.

Por fim, invoque todo o seu poder minimalista e canalize-o contra a papelada. Para isso, recomendo muito um scanner — irá ocupar menos espaço do que as pilhas de papel que ele elimina. Você não vai saber como viveu tanto tempo sem esse equipamento magnífico! Digitalizo artigos, cartões de felicitação, cartas, contas, declarações, manuais de instrução, fotos, panfletos e mais — tudo de cujas informações eu preciso, mas não do documento original. (Claro, seja cuidadoso ao jogar arquivos de computador na lixeira para não acabar com uma bagunça virtual.) Porém, antes que você enlouqueça demais com o scanner, saiba que sempre é preciso manter *algumas* cópias em papel. Prazos específicos para manter documentos dependem da sua situação pessoal, das exigências fiscais e jurídicas e da prática comum em sua região. Consulte um contador ou a internet para detalhes atualizados.

No futuro, pense muito antes de imprimir *o que for* — por que gerar mais papel para jogar fora mais adiante? Deixe os e-mails na caixa de entrada e salve páginas da internet para consultas futuras. Se você acha que não vai conseguir acessar as informações depois, salve-as em PDF. Assim, haverá uma cópia no disco rígido que você poderá visualizar a qualquer hora. Essa estratégia é ideal para recibos e confirmações de pagamento on-line — servem de prova sem gerar acúmulo. Mas lembre-se de fazer um backup regular dos arquivos para evitar a perda de dados.

CONTENHA

Um lugar para cada coisa e cada coisa em seu lugar é a melhor maneira de se manter uma mesa arrumada. Em vez de deixar que as canetas, os clipes e os elásticos se esparramem pelo seu local de trabalho, coloque-os nos locais designados e *cuide para que fiquem lá*. Escolha lugares específicos para pastas, correspondências que entram e saem, catálogos, revistas, recibos e todo o tipo de material de escritório e papelada que você possui. Se ajudar, rotule caixas, gavetas e prateleiras para lembrar do conteúdo de cada uma delas.

O Círculo Próximo deve conter os materiais usados regularmente e a papelada ativa. Isso significa que canetas, lápis, clipes, envelopes, cadernos, talão de cheques e correspondências que entram e saem (entre outras coisas) devem estar ao alcance da mão. No Círculo Distante ficam documentos e arquivos que você resolveu recentemente e que pode precisar consultar de novo (como contas, recibos, declarações e material de pesquisa), assim como material reserva, como papel para impressora e cartuchos de tinta. Reserve o Estoque Oculto para documentos que devem ser mantidos a longo prazo ou indefinidamente — como certidões de nascimento e casamento, diplomas, escrituras, declarações de imposto e outros documentos jurídicos e financeiros essenciais. Não fique tentado a digitalizar e se desfazer de todos eles, porque é comum precisarmos dos originais. Guarde-os longe da vista — se possível numa caixa à prova de fogo ou num cofre, porque são difíceis de substituir.

Enquanto faz seus módulos, dê a cada categoria de material de escritório seu próprio recipiente (mesmo que seja um simples saco Ziploc ou um espaço no organizador de gaveta). Clipes de papel não devem se misturar com elásticos, selos não devem socializar com grampos e arquivos não devem confraternizar com revistas e catálogos. A consolidação o ajuda a encontrá-los mais rápido e escancara o excesso. Quando você juntar trinta lápis num único lugar, vai notar o absurdo de ter tantos — e, com sorte, se inspirar a dizer adeus para a maioria deles.

Outra opção é organizar os materiais de acordo com a atividade — ter o material necessário à mão para as tarefas regulares pode melhorar sua criatividade. Exemplos incluem um módulo para pagar contas, em que serão guardados talão de cheques, envelopes, selos e caneta; um módulo de imposto de renda, que reúna todos os recibos e documentos importantes ao longo do ano; ou módulos de projetos para armazenar o material e a papelada necessários para trabalhos, pesquisas ou textos específicos.

Enquanto consolida as coisas, é provável que você descubra que tem mais canetas, clipes de papel, grampos, elásticos e outros itens aleatórios do que realmente possa vir a usar. Não é necessariamente culpa sua; muitos deles somente são vendidos em quantidades enormes. Outros, como canetas, seguem-no do escritório para casa, pulam em sua pasta quando você está na rua e se multiplicam na calada da noite. Imponha limites para cada categoria, retire o excesso e, no futuro, alimente uma mentalidade minimalista quando for adquirir novos materiais. Ignore os pacotes gigantes ou divida as compras com um amigo, parente ou colega.

Módulos e limites também mantêm a papelada sob controle. Sabemos o que acontece quando arquivamos, e arquivamos, e arquivamos um pouco mais: acabamos com pastas estourando, cujos conteúdos vazam para outras pastas e, antes que notemos, estamos comprando mais um gaveteiro. Arquivar deve ser uma via de mão dupla: as coisas devem *sair*, assim como entram. Para pôr um fim a isso, limite sua papelada por tópico ao que caberá em apenas uma pasta — e quando ela ficar volumosa demais, expulse o conteúdo de lá. Use a regra Entra-Um-Sai-Outro para facilitar ainda mais: quando arquivar uma conta ou declaração nova, jogue fora a mais velha do arquivo (desde que não precise dela por motivos fiscais, financeiros ou jurídicos).

Se você não tem um ambiente de trabalho específico, o seu escritório inteiro pode ser um módulo. Nem todos temos a bênção de contar com um quarto ou sala de jantar sobrando para usar como escritório. Alguns podem ser relegados a uma escrivaninha no canto da sala ou a um armário embutido; outros guardam um "escritório" inteiro num saco ou caixa de plástico, utilizando qualquer superfície disponível como espaço colaborativo. Aliás, não seria maravilhoso poder reduzir o material de escritório, os arquivos e os equipamentos a um recipiente portátil? Assim, quando o sol estiver brilhando e os passarinhos cantando, poderemos abrir nossa estação de trabalho no quintal ou no parque. Ah, o sonho minimalista!

MANTENHA

No escritório, é de extrema importância mantermos todas as superfícies vazias. Trate a escrivaninha como um espaço colaborativo e esvazie-a quando terminar o dia de trabalho — como se outra pessoa fosse entrar e utilizá-la no dia seguinte. (Claro, vai ser você mesmo; mas não seria incrível sentar num espaço vazio?) Mantenha o material de escritório em gavetas ou caixas em vez de deixá-los espalhados sobre a mesa; invista num separador de correspondência para guardar papéis e o correio; e use um quadro de avisos para lembretes, cartões, anotações e pedaços soltos de papel em vez de deixar que eles invadam seu espaço de trabalho.

Algo espantoso (e aflitivo) acontece em áreas de escritório: tudo o que oferece o mínimo de espaço horizontal começa a acumular coisas. Já vi pilhas de papel e material empoleirados em prateleiras, gabinetes, parapeitos de janela, impressoras, scanners, cadeiras, luminárias, caixas e vasos. Por favor, resista à tentação de encher o ambiente de papel; isso é caótico, desorganizado e torna quase impossível que as coisas sejam encontradas. Superfícies vazias não são apenas agradáveis aos olhos como também benéficas para a mente. Você vai conseguir pensar com mais clareza e trabalhar de modo mais produtivo sem tanta distração visual.

Além disso, não deveria ser necessário dizê-lo, mas aqui vai: o chão não é um sistema de arquivamento. Mas você sabe o que acontece: quando todas as superfícies transbordam, o restante vai parar naquela grande área plana aos seus pés. O chão do escritório é um terreno fértil; faz brotar pilhas de livros, revistas e papelada que se transformam em florestas. Costumo recomendar uma expulsão em massa em vez de mais armazenamento, mas se você realmente está sem espaço, é melhor comprar mais um gaveteiro do que chafurdar nos papéis para chegar à mesa.

Podemos organizar o quanto quisermos, mas um dos segredos de um escritório minimalista é o controle do *fluxo de entrada*. No resto da casa, o poder está exclusivamente em nossas mãos — temos de fato o poder de fechar a porta na cara das coisas. O problema é que nessa porta existe uma pequena caixa de correio. E por ela entra todo tipo de lixo inútil, desnecessário ou indesejado, quase todo dia. Vamos concentrar os esforços para impedir um dilúvio postal.

Você pode eliminar o grosso dos folhetos de propaganda cancelando o recebimento da fatura do seu cartão de crédito. Além disso, reveja as políticas de privacidade que acompanham os contratos bancários e de cartão de crédito, ligue para o número fornecido e diga que *não* quer receber material de marketing deles ou de empresas parceiras.

Depois disso, proteja seu nome e seu endereço como um segredo bem guardado. Não se inscreva em programas de pontos de lojas ou em promoções e se recuse a fornecer seus dados no caixa. Não participe de pesquisas, sorteios nem premiações — na maioria das vezes, são maneiras furtivas dos publicitários para obter seus dados de contato. Quando você se mudar, não preencha o formulário dos correios com a mudança de endereço, caso contrário é certo que os folhetos de propaganda o seguirão até seu novo lar. Em vez disso, contate pessoalmente as pessoas e as empresas para lhes fornecer o endereço novo. Em vez de assinar jornais e revistas, leia-os na internet. E, aconteça o que acontecer, não peça catálogos; se você requisitar um, terá recebido trinta diferentes ao fim do ano.

Essas estratégias eliminarão a maior parte da correspondência não solicitada. Se quiser, você também pode limitar a papelada das empresas com que trabalha e optar por receber comunicados eletrônicos. Por exemplo, coloque suas contas no débito automático. Do mesmo modo, registre-se no internet banking e veja o extrato da sua conta e a fatura do cartão de crédito on-line. Ao fazer isso, você evitará as propagandas e as ofertas que vêm escondidas nos envelopes e reduzirá os papéis que precisa arquivar.

Os escritórios são espaços dinâmicos; há coisas entrando e saindo e coisas que se movem por eles todos os dias. Desta forma, não podemos apenas fazer uma arrumação em grande escala e dar o trabalho por encerrado. Manter a área enxuta exige vigilância constante.

Por isso, seja um bom porteiro: mantenha uma lata de reciclagem perto da porta e impeça que catálogos, circulares, cardápios de delivery e outros folhetos de propaganda entrem em casa. Para a correspondência que chega ao seu escritório: abra cada uma delas e *resolva* imediatamente o que for necessário em vez de deixar que elas se empilhem sobre a mesa. Rasgue propostas de cartão de crédito, recibos de saldos bancários e outros papéis não essenciais com suas informações pessoais, escaneie ou arquive todos os documentos que precisa manter e separe num espaço apropriado em sua mesa as contas que precisam ser pagas, as cartas que precisam de atenção ou as informações que precisam ser revistas. Num sistema ideal, cada papel só será manuseado uma vez.

Quando terminar o trabalho do dia, devolva todo o material a seus lugares designados e os arquivos às pastas apropriadas. Se for mais eficiente manter tudo junto, monte um módulo "de trabalho" para esse projeto em particular — de preferência em algum tipo de recipiente, em vez de espalhado pela mesa. Assim, você pode começar exatamente de onde parou, sem ter de juntar os materiais necessários, sem ter necessidade de empurrar tudo de lado para usar a mesa antes de começar. Fique de olho também nos itens refugiados de outros lugares da casa. Devolva a lição de casa do seu filho, o romance do seu parceiro ou o brinquedinho do cachorro ao respectivo dono antes que eles tenham chances de se acomodar. Você já tem preocupações demais com as suas coisas.

A manutenção diária conservará a escrivaninha vazia e suas coisas sob controle. No entanto, você ainda vai precisar expulsar arquivos periodicamente. Por mais que tente seguir a regra Entra-Um-Sai-Outro, são grandes as chances de acabar com mais coisas entrando do que saindo. Examine as pastas de arquivo todo mês ou a cada quinze dias e jogue fora (quer dizer, rasgue ou recicle) o que não for mais relevante. Além disso, faça uma expulsão em grande escala todos os anos e esvazie o velho para dar lugar ao novo. Gosto de programar essa arrumação para o começo de janeiro e ter um recomeço a partir do novo ano!

25
Cozinha e sala de jantar

Se nos pedissem para citar o cômodo mais funcional da casa, a maioria de nós escolheria a cozinha. Afinal, esse é o lugar onde guardamos, preparamos, servimos e consumimos o alimento que nos sustenta. Ela também muitas vezes serve como um local para reunir a família. Considerando seu papel significativo em nossas vidas, não é nenhuma surpresa que haja tanta coisa na cozinha! O excesso de coisas, porém, pode reduzir a funcionalidade do cômodo a ponto de não ser agradável trabalhar ou passar um tempo por lá. Então, vamos ver como podemos diminuir a quantidade de coisas e deixar o espaço o mais enxuto possível.

Você já passeou por um showroom de cozinhas (ou folheou as páginas de sua revista de decoração favorita) e fantasiou como seria trocar sua cozinha pela que está em exposição? Já observou as superfícies reluzentes com inveja, pensando em como seria maravilhoso cozinhar num ambiente tão moderno e funcional?

Na maioria das vezes, o que nos atrai nas cozinhas em exposição não são os eletrodomésticos de alta tecnologia, as bancadas profissionais ou os armários chiques — é o espaço! Cozinhas em exposição estão sempre limpas, vazias e sem nenhuma bagunça, abrigando apenas meia dúzia de eletrodomésticos e utensílios. É isso o que as torna tão lindas e convidativas. A boa notícia é que você não precisa gastar uma fortuna em reformas para conseguir aquela aparência. É possível transformá-la drasticamente com uma simples tática de organização.

Para Recomeçar, esvazie todas as gavetas, os gabinetes, os armários e as prateleiras, um de cada vez. Como sempre, não caia na tentação de deixar algo no mesmo lugar porque "sabe" que vai colocá-lo de volta depois. Isso é trapaça! Retire todos os objetos — todos os pratos, xícaras, taças de cristal, facas, colheres, garfos, panelas, frigideiras, utensílios, eletrodomésticos, comida, papel-alumínio, embalagens de delivery, incluindo o conteúdo da sua gaveta de "tranqueiras"— até que o cômodo fique vazio. Lembre-se: a ideia não é escolher as coisas de que vai se livrar, mas selecionar o que você vai guardar. Depois que tiver retirado tudo, examine cada objeto com atenção e devolva apenas os melhores e mais úteis a seus lugares. Lembre-se de que você está montando uma cozinha dos sonhos novinha em folha, como as das revistas. Por que a sua tem de ser menos maravilhosa?

Se você ainda estiver com o pé atrás sobre esvaziar *tudo*, esse método oferece um bônus especial: a oportunidade incrível de *limpar* os armários. Há quanto tempo eles não veem uma boa esfregada? Entre uma refeição e outra, as cozinhas vão ficando sujas e gordurosas, e mesmo que sejamos muito bons em manter as superfícies brilhando, costumamos esquecer o lado de *dentro* dos armários. Assim, enquanto você elimina o acúmulo, aproveite para eliminar também a sujeira. (Uau! Como nós, minimalistas, somos eficientes!) Esfregue-os com vigor para poder começar do zero de verdade!

ORGANIZE

Enquanto esvazia a cozinha, é provável que você encontre muitos objetos destinados à pilha de Tralha. Se não esvaziou sua despensa recentemente, é provável que haja muitos alimentos por lá. Dê uma olhada nas datas de validade de cada item e jogue fora tudo o que estiver estragado, com a validade expirada ou mesmo o que parecer um pouco velho. Temperos, molhos e condimentos também têm vida útil limitada, portanto não passe reto por eles na organização. Se o frasco de shoyu é mais velho que sua filha pequena, jogue-o fora e compre um novo. Faça o mesmo com outros alimentos perecíveis, especialmente se não lembra há quanto tempo os guarda ou quando foi a última vez que os usou.

Outras Tralhas podem estar escondidas na sua cozinha na forma de pratos lascados, copos trincados e talheres tortos ou quebrados (como o garfo que ficou preso na máquina de lavar louça). Dê à sua comida o respeito que ela merece e sirva-a em pratos impecáveis e com talheres decentes. Não guarde peças velhas como reservas. Jogue fora utensílios e eletrodomésticos quebrados também — se ainda não fez o esforço de consertá-los, é evidente que você consegue viver sem eles.

A sua pilha de Transferência é o lugar de todos os objetos que são úteis para alguém, mas não para *você*. Por algum motivo, tendemos a acumular mais itens de cozinha do que precisamos ou usamos diariamente. Alguns entram na nossa vida como presentes de casamento ou de open house, outros como compras impulsivas. (Posso apostar que a maioria de nós tem pelo menos uma daquelas geringonças culinárias "dez em um" que "economizam tempo" e que vimos num comercial no fim da noite — mas que estão sem uso desde o dia da compra.) Alguns podem ter parecido práticos quando os compramos, porém se revelaram complicados ou lentos demais para o nosso estilo de vida. Por isso, dê a máquina de macarrão e a sorveteira para alguém que vá gostar delas. Seja sincero consigo mesmo ao separar suas coisas: se você evita usar o processador de alimentos porque é uma chatice limpá-lo, aproveite a oportunidade para se livrar dele.

Não se esqueça de que a comida também pode entrar na pilha de Transferência. Nossos gostos e necessidades alimentares mudam com o tempo, e a vida útil de alguns alimentos pode ser maior do que o nosso desejo por eles. Podemos enjoar da sopa de tomate antes de usarmos o estoque ou decidir que preferimos comer frutas frescas em vez das enlatadas da prateleira. Não se sinta mal; veja isso como uma oportunidade magnífica de fazer uma boa ação! Doe todos os itens enlatados e embalados a um banco de alimentos ou a uma ONG que ofereça sopa aos moradores de rua. Os descartes da sua despensa podem impedir que outra pessoa passe fome.

Você pode ter dificuldade para expulsar alguns itens da cozinha por medo de que possa precisar deles algum dia (e você tem certeza de que vai ser no dia seguinte a que os tiver jogado fora). Se for esse o caso, crie uma caixa de Dúvidas Temporárias. Coloque nela os objetos que não usa regularmente, mas acha que *pode usar* em breve — como a máquina de pão, as formas de cupcake e o conjunto chique de confeitaria. Marque uma data na caixa e doe tudo o que não usar depois de um período específico de tempo (digamos seis meses ou um ano). Trata-se de uma boa maneira de lidar com os objetos que estão "em cima do muro", porque eles estarão acessíveis se for necessário, mas não irão ocupar um espaço valioso nos armários e gavetas. Melhor ainda é que você verá como é a vida sem eles e poderá concluir que nem sente sua falta.

A cozinha é um ótimo lugar para ter uma conversinha com as suas coisas. Alguns objetos andam escondidos nas sombras há tanto tempo que você pode nem se lembrar deles. Essa é a sua chance de colocar o papo em dia e fazer questão de que a relação de vocês seja mutuamente benéfica.

O que você é e o que você faz? Não devíamos ter de perguntar isso, mas vamos admitir que às vezes não sabemos responder a essa pergunta. Hoje em dia existem utensílios de cozinha para toda e qualquer tarefa imaginável, e só porque o descascador de abacaxi e o cortador de biscoitos pareciam indispensáveis quando os compramos não quer dizer que vamos conseguir identificar sua utilidade dali a alguns anos. Nesse caso, um pouco de mistério *não* é bom. Se você não sabe a função de alguma coisa, é óbvio que ela não é essencial na sua cozinha. Mande-a para outro lar — ela pode se tornar um presente divertido para um amigo gourmet que realmente saiba como usá-la.

Com que frequência eu uso você? Ah, a questão decisiva! Os objetos que respondem "todo dia" ou "uma vez por semana" têm retorno garantido para os seus armários. Só porque você usa os utensílios para servir peru uma vez por ano não significa que precise se livrar deles; esse conhecimento pode ajudá-lo a decidir onde guardá-los. Para objetos utilizados menos de uma vez por ano, é preciso deliberar: eles realmente valem o espaço que ocupam?

Você torna minha vida mais fácil (ou mais difícil)? Claro, posso cozinhar arroz e ferver água direto no fogão, mas minha máquina de arroz e minha chaleira facilitam minha vida. Elas merecem, portanto, um lugar na minha cozinha. Por outro lado, abri mão da máquina de cappuccino porque odiava limpá-la e acho muito mais agradável sair para tomar um café fora de casa. Se um item é difícil de montar, usar ou limpar (e as recompensas não valem o esforço), talvez seja hora de lhe dizer adeus.

Você tem um irmão gêmeo? Objetos de cozinha são como material de escritório, porque parecem se multiplicar por conta própria. A menos que você seja extremamente ágil, não há como usar mais de um descascador de batata ou abridor de lata ao mesmo tempo. Além disso, se um deles quebrar, é fácil adquirir outro. Livre-se dos repetidos e libere espaço para algo mais útil.

Você é bom de usar? Aposto que por essa as suas coisas não esperavam! Jogos de jantar de porcelana ganhados de presente de casamento e faqueiros herdados da família podem se tornar bem presunçosos, achando que têm lugar garantido mesmo estando ociosos há décadas. Muitas vezes eles estão certos: ficam escondidos em armários da sala de jantar e raramente veem a luz do dia. Somos sentimentais demais para nos livrarmos deles e temos medo demais para usá-los (não podemos nem pensar em quebrar ou perder uma peça). Aqui vai uma ideia radical: em vez dos conjuntos completos, mantenha apenas um ou dois e use-os como decoração ou para jantares românticos à luz de velas com seu parceiro.

Eu adoraria poder oferecer uma lista básica do conteúdo de uma cozinha minimalista. Infelizmente, essa tarefa seria em vão, especialmente porque todos temos ideias diferentes do que é necessário. Seria injusto tirar seu título de minimalista só porque você possui uma forma de pudim ou uma fritadeira elétrica. Apesar disso, acredito que a maioria de nós consegue sobreviver com menos itens "essenciais" de cozinha do que costuma ver em revistas e livros de culinária.

Eu e meu marido descobrimos que podemos preparar todas as refeições com quatro peças: uma frigideira grande, uma caçarola, uma panela de macarrão e uma assadeira. Nossos eletrodomésticos menores se limitam a um micro-ondas, uma chaleira, uma máquina de arroz e uma cafeteira italiana (no lugar de uma enorme cafeteira elétrica comum). Entre os demais utensílios, possuímos uma faca de chef, uma faca de pão, uma faca de legumes, um escorredor de macarrão, uma tábua de corte, uma caneca medidora, uma espátula, uma colher de servir, um batedor de ovos, um abridor de lata, um saca-rolhas, um ralador, um bowl de alumínio e uma jarra de água com filtro. Alguns de vocês podem achar a lista um pouco pobre, enquanto outros podem até achá-la excessiva. Para nós, porém, ela é perfeitamente *suficiente*.

Cabe a você determinar o *seu* "suficiente" e Restringir seus aparatos culinários de acordo com ele. Para tanto, dê preferência a objetos multifuncionais em vez daqueles de uso único. A menos que você os utilize com frequência, coisas como desencaroçador de azeitona, boleador de mamão, cortador de rosquinha, máquina de minipizza, tesoura de lagosta, removedor de caule de morango e máquinas de crepe geralmente não justificam o espaço que ocupam nos armários da cozinha. Em vez deles, prefira utensílios simples que possam realizar uma variedade de funções. Do mesmo modo, um conjunto completo de panelas e frigideiras não é obrigatório; uma ou duas de tamanhos comuns já bastam.

Da mesma forma, evite acumular louças de tamanhos e formatos especializados (como copinhos para ovo quente e jogos de sushi) e opte por pratos versáteis que sirvam para tudo. Em vez de guardar tanto a porcelana "boa" como a do "dia a dia", escolha um conjunto e use-o em todas as ocasiões. Reduza os cristais também. Se não está à frente de um restaurante, você não precisa de um copo ou uma taça diferente para cada bebida, como vinho, champanhe, uísque, cerveja, martíni, água e suco. Tenho um conjunto de copos que é suficiente para todas (exceto chá e café), e, para ser sincera, eu os prefiro às taças altas de vinho e champanhe.

Ao compactar sua cozinha, tenha em mente que, em certas culturas, toda uma variedade extraordinária de alimentos é feita com os utensílios mais simples. É a nossa criatividade na cozinha — e não os potes, as panelas e os utensílios — a responsável por refeições deliciosas que satisfazem nosso apetite. A boa comida não vem de pratos chiques e instrumentos complicados para servir; ela vem das mãos e do coração, e, como qualquer monge budista diria, pode ser desfrutada numa tigela simples.

CONTENHA

Divida sua cozinha em áreas de atividade para manter as coisas organizadas e eficientes. Determine as áreas em que realiza determinadas tarefas — como preparar, cozinhar, servir, jantar, lavar e jogar fora — e armazene utensílios e equipamentos de acordo com isso. Por exemplo, guarde as facas onde pica os alimentos; as panelas, perto do fogão; e o detergente, embaixo da pia. Delimite tarefas aleatórias como pagar contas a um lugar específico, para que canetas e talões de cheque não tomem a bancada nem acabem na gaveta de temperos.

Em cada área, reserve um lugar específico para cada objeto. Os pratos devem ser empilhados adequadamente, e os copos e taças devem ficar em fila no seu devido lugar. Facas, garfos, colheres, panelas, frigideiras e eletrodomésticos devem ter seus locais adequados. Se achar melhor, pode colar etiquetinhas ("panela de macarrão", "caçarola", "tigelas de cereal") para se lembrar (e lembrar aos membros da família) do lugar exato de cada coisa.

Divida os objetos em Círculo Próximo, Círculo Distante e Estoque Oculto. Seu Círculo Próximo deve conter pratos, panelas, frigideiras, talheres, copos, acessórios e alimentos que você utiliza regularmente. Dedique a eles os locais de armazenagem mais acessíveis, porque não é legal ter de pegar uma escada para alcançar a xícara de café ou atravessar o cômodo para pegar a faca para descascar legumes. No Círculo Distante — armários mais altos, gavetas mais baixas e cantos escondidos —, guarde os objetos que usa menos de uma vez por semana, mas mais de uma vez por ano. Possíveis candidatos incluem formas de bolo, potes de cerâmica, secadores de salada, aparelhos de fondue e formas de biscoitos.

O Estoque Oculto é o lugar dos objetos que reaparecem no máximo uma vez por ano (geralmente em torno das festas), como grelhas, tigelas de ponche, molheiras, ramequins, conjuntos de sobremesa e roupas de mesa decorativas. Guarde-os nas partes mais altas, baixas e distantes da cozinha ou da sala de jantar. No entanto, só porque você *pode* colocar coisas no Estoque Oculto não quer dizer que *tenha* de colocá-las. Se, no fundo, você não precisa delas (ou pode pegá-las emprestadas se for necessário), sinta-se livre para libertá-las.

Módulos são muito importantes na cozinha, onde utensílios duplicados e ingredientes em excesso são comuns. Eles revelam como determinados itens se acumularam (normalmente sem que ninguém notasse) ao longo do tempo. Eles nos fazem perguntas como: "Por que tenho dezoito copos para nossa família de quatro pessoas?", "Algum dia vou usar vinte pares de hashis?" e "Por que preciso de dois termômetros de carne, três saca-rolhas ou quatro potes de canela?". Cortar os itens repetidos é rápido e fácil — não precisamos trabalhar com afinco em decisões ou nos preocupar sobre o que fazer com determinado objeto (ainda vamos ficar com *um*, afinal). Isso cria um espaço novo nos armários e gavetas, tornando infinitamente mais fácil encontrar o que precisamos quando estamos cozinhando.

Ao montar os Módulos, muitos descobrem que possuem muito mais louças do que precisam. Por quê? Porque quando compramos um conjunto novo, não costumamos jogar o antigo fora. Como normalmente as peças ainda funcionam (nós as trocamos apenas para ter algo novo, não por necessidade), elas ficam enfiadas no fundo do armário porque "vai que" precisamos de reservas. Outra situação comum é herdarmos ou ganharmos de presente alguns novatos, e acabamos nos sentindo obrigados a lhes oferecer um lar. Considere limitar pratos, xícaras, tigelas, copos e utensílios ao tamanho da sua família. Se sua casa tem apenas quatro pessoas, por que encher os armários com um aparelho de jantar adequado a dezesseis pessoas? Reduza o estoque às peças mais recentes, bonitas e de melhor qualidade e remova as antigas para dar espaço para as novas.

Ah, mas e quando eu receber convidados? Não se esqueça de levar em consideração seus hábitos de receber visitas ao contar os utensílios. Imagine o número máximo de pessoas que você recebe *regularmente* e guarde louças suficientes para acomodar esse grupo. Se você dá festas maiores muito de vez em quando, pode alugar ou pegar emprestado o que precisa. Ainda não está pronto para abandonar seus itens de mesa? Limite aqueles que estão em seus armários às suas necessidades diárias e ponha o resto no Estoque Oculto até que precise deles.

Limite eletrodomésticos e acessórios aos que usa com frequência, e, quando for trocá-los por novos, dê os antigos para outra pessoa. Não encha os armários de torradeiras, liquidificadores e cafeteiras antigos — um casal jovem ou universitário pode ficar feliz em ganhá-los. E controle os potes plásticos onipresentes, porque, por mais que sejam úteis, eles se acumulam rapidamente. Escolha alguns poucos para guardar e recicle o restante.

Infelizmente, nenhuma cozinha ficaria completa sem a famosa gaveta das "tranqueiras", onde colocamos todos os sachês de catchup, os cardápios de delivery, pilhas reservas, velinhas de aniversário, arames, velas decorativas, agulhas de costura, tesouras, talheres de plástico e outros objetos estranhos que são pequenos demais, em número reduzido demais ou impossíveis demais de categorizar para que fiquem em qualquer outro lugar. O que podemos fazer com esse redemoinho de coisas? Avalie cada item, sem exceção, e reúna os que passarem na prova em um módulo de "utilidades" (mesma gaveta, mas com um nome aprimorado!). Acondicione os objetos semelhantes em sacos Ziplock ou em nichos num organizador de gaveta. Se tudo estiver facilmente acessível, identificável e se for realmente útil, não tem por que chamar aquilo de "tranqueira".

Por fim, vamos falar sobre receitas e livros de culinária — parece que os que entram são sempre em maior número do que os que saem. Eles se acumulam sem parar ao longo do tempo e quase nunca os trocamos — simplesmente continuamos aumentando a nossa coleção. Antes que percebamos, temos mais receitas do que dias no ano para cozinhar! Em vez de arquivar tudo, mantenha sua seleção atualizada. Quando encontrar um livro melhor sobre determinado tipo de culinária ou uma receita melhor para um prato específico, abandone o antigo. Pense na sua coleção como algo dinâmico, e não estático, e permita que ela evolua para se adequar a seus gostos e à sua dieta à medida que eles mudam com o tempo.

MANTENHA

A cozinha é um centro de atividade tão intenso que não exige apenas uma manutenção todo dia, mas uma manutenção *o dia todo!*

As coisas podem sair do controle aqui em questão de *horas* se não tomarmos cuidado. Pratos, panelas e frigideiras sujos se acumulam na pia; comida, acessórios e embalagens se espalham na bancada; contas, lição de casa e jornais se empilham na mesa; brinquedos, mochilas e sacos de compra se acumulam no chão; e sobras de comida se reproduzem na geladeira. Em geral, quanto mais membros há na casa, mais coisas acabam parando na cozinha. Depois de um tempo, a bagunça pode ficar tão descomunal que você não tem como preparar (ou comer) uma refeição ali. Se não houver espaço para lavar, cortar, fatiar, picar e descascar, é mais provável que você enfie um congelado no micro-ondas ou peça um delivery.

Não permita que a bagunça o impeça de fazer um jantar caseiro e saudável — mantenha as superfícies da cozinha vazias! Elas devem conter apenas os objetos que você usa diariamente (no máximo). Considere suportes de parede para temperos, facas e outros acessórios, e cestas para frutas, verduras e legumes. Eletrodomésticos que se amontoam entre a bancada e os armários suspensos — como micro-ondas, torradeiras e cafeteiras — também podem liberar um espaço precioso. Para uma cozinha mais bonita e funcional, ignore os enfeites e potes de biscoito e opte pelo compacto e singelo. Prometo a você: basta tirar todo o acúmulo das bancadas para ter mais energia e inspiração para começar a demonstrar mais talento na cozinha.

Além disso, limpe as bancadas ao fim de cada refeição. Enquanto cozinha, guarde os acessórios, equipamentos e ingredientes assim que acabar de usá-los. Depois que tiver comido, livre a mesa e as bancadas de qualquer alimento ou utensílio restante. Lave todos os pratos ou ponha-os na lava-louças logo após usá-los. Melhor gastar alguns minutos limpando depois de cada refeição do que enfrentar essa tarefa quando for preparar a próxima, porque uma pilha de louça suja pode acabar rapidamente com a vontade de cozinhar. Na verdade, tente viver de acordo com a seguinte regra: nunca saia da cozinha enquanto houver pratos na pia. (No mínimo, nunca vá dormir com pratos na pia.) É maravilhoso começar do zero todo dia, mas é ainda melhor fazê-lo depois de cada refeição!

A cozinha sempre foi considerada o coração da casa, um lugar onde as famílias se reúnem para passar tempo juntos. Mas por ser um local de tantos acontecimentos, suas bancadas são como ímãs de bagunça. Certifique-se de que todos que deixarem um brinquedo, um livro, um jornal ou a correspondência os levem embora assim que saírem do cômodo. (Ou ameace colocar o objeto no próximo ensopado!) Fique atento ao chão também, porque quando carregamos panelas pesadas e líquidos quentes, os objetos soltos pelo chão podem ser uma receita para o desastre.

Por fim, a cozinha é um lugar fantástico para a organização Um Por Dia. Nesse cômodo, sempre existe algo para sair, seja o jornal de ontem, seja as sobras da semana passada. Crie o hábito de avaliar geladeira, freezer e prateleiras da despensa regularmente em busca de alimentos velhos ou fora da validade (ou coisas que você não quer comer) e jogue-os fora imediatamente. Comprometa-se a expulsar pelo menos um item todo dia, seja uma comida estragada, uma caneca extra, um utensílio órfão, um prato que não combina com o resto ou um acessório nunca usado. Só sua gaveta de bagunça já pode lhe oferecer trabalho por um ano. Pense em como seus armários vão ficar mais espaçosos a cada dia que passa!

26
Banheiro

Pronto para algo mais fácil? Vamos pegar as estratégias minimalistas que aprendemos e embelezar nossos banheiros. Esse cômodo costuma ser o menor da casa, com o mínimo de armazenamento — e, comparado à sala de estar, ao escritório e à cozinha, organizá-lo é moleza! Com pouquíssimo esforço e alguns hábitos simples você pode criar um espaço que o relaxe enquanto escova os dentes.

Nos outros cômodos que organizamos, tivemos muitas vezes de dividir o trabalho em partes menores. Em contrapartida, o tamanho diminuto dos banheiros representa uma tarefa muito mais simples — algo que devemos conseguir realizar de uma única vez. Ele tem apenas uma fração do espaço de piso, superfícies e armários dos outros cômodos e atende a menos funções. No entanto, a falta de espaço significa que precisamos estar especialmente conscientes de como organizamos e usamos o cômodo. Não estamos aqui para determinar quantas coisas conseguimos enfiar dentro dele, mas sim de quão poucas nós *de fato* precisamos.

Primeiro, feche os olhos e imagine o banheiro minimalista ideal. Visualize a bancada vazia, sem nenhum spray de cabelo ou rímel à vista. Observe o lindo piso livre ao redor — não há nenhuma toalha empilhada no canto nem produtos de reposição estocados embaixo da pia. Dê uma olhada nas superfícies reluzentes e nos produtos de beleza escolhidos a dedo em cima da pia. Abra as gavetas e o armário de medicamentos e admire a organização dos artigos de higiene. Nada está fora do lugar e não há nenhum objeto disputando espaço com outro. Deixe o olhar repousar na vela aromática ou na única orquídea que enfeita a bancada. Ah, dava para passar o dia todo nesse espaço calmo e relaxante.

Certo, vamos voltar à realidade. Melhor ainda: vamos construir essa realidade! Recomece, assim como nos outros cômodos, esvaziando o conteúdo das gavetas, das prateleiras e dos gabinetes. Esvazie todas as bancadas. Não se esqueça da banheira nem do boxe do chuveiro — retire o sabonete, o xampu, o creme de barbear e os barbeadores de lá também. Tire tudo do banheiro e coloque em outro lugar (como no chão do quarto ou na mesa de jantar) para análise. Organizar é muito mais eficaz quando tiramos os objetos de seus lugares de costume e os avaliamos fora de contexto. Conforme determina exatamente de que coisas precisa, você as recoloca, uma a uma.

ORGANIZE

Ao separar as coisas nas pilhas de Tralha, Tesouro e Transferência, pense nos movimentos de sua rotina diária. Finja que está escovando os dentes, pegue sua escova e a pasta e coloque-as na pilha de Tesouro. Finja que está lavando o rosto e acrescente seu sabonete facial e sua toalha de rosto. Simule que se barbeia, se maquia, arruma o cabelo e realiza outras atividades de cuidados pessoais e coloque o material necessário a cada movimento junto com os outros Tesouros. Esse exercício mostra *exatamente* quais são os produtos de uso diário — e que, portanto, merecem um lugar no seu banheiro. Mas o teste também revela quais são os itens que *não* são tão usados, levando você a questionar se realmente precisa ter lugar para todos eles.

Alguns objetos pertencem à pilha de Tralha só por causa do tempo que estão com você. Cosméticos que você não usa regularmente, por exemplo, podem ter passado do auge antes mesmo de terem sido usados. Embora a maquiagem quase nunca venha com data de validade, seus itens têm vida limitada. Líquidos e cremes — em particular aqueles usados nos olhos ou em torno deles — têm uma vida útil de três a seis meses, enquanto bases, corretivos, blushes e batons costumam durar um ano. O motivo da degradação: a umidade cria bactérias. Deixe-os por perto por tempo demais e você pode ter irritações ou infecções de pele quando for utilizá-los.

Seja igualmente cuidadoso ao jogar fora remédios velhos. A maioria dos medicamentos — com ou sem prescrição médica — tem a data de validade no rótulo ou na embalagem. Pergunte ao seu médico ou ao farmacêutico sobre remédios específicos. Quando chegar a hora de descartá-los, faça-o com responsabilidade. Não jogue medicamentos que sobraram no lixo (onde podem ser consumidos por crianças ou animais) nem no vaso sanitário (onde podem contaminar o abastecimento de água). Em vez disso, devolva-os à farmácia para o descarte apropriado.

O melhor motivo para manter um item no banheiro é *porque você o usa*. Por outro lado, o melhor motivo para tirar um produto do banheiro é *porque você não o usa*. Enquanto separa os objetos, coloque de lado tudo o que não tiver utilizado nos últimos seis meses. A menos que tenha um motivo muito bom (ou seja, um motivo médico) para guardar esse item, jogue-o fora e libere espaço no gabinete. Se for algo perecível, ele já deve estar chegando ao fim de sua vida útil mesmo.

Uma exceção a essa regra são os artigos de emergência. Nessa categoria, os rótulos "posso precisar disso um dia" e "por via das dúvidas" são mais que bem-vindos. Tenha um kit de primeiros socorros bem abastecido que inclua curativos, gazes, fita adesiva, pomada antibiótica, álcool para assepsia, termômetro, antitérmico, anti-histamínicos, antidiarreicos, antiácidos, entre outros. Não importa se você não usou essas coisas nos últimos seis meses ou seis anos — mantenha-os à mão, porque nunca se sabe quando você irá precisar deles. (Claro, periodicamente dê uma olhada nas datas de validade e substitua os remédios vencidos.)

Outro bom motivo para manter um item é *porque ele funciona para você*. Sabe do que estou falando: aquele xampu que controla os fios rebeldes, o creme que dá um jeito nas rugas ou a sombra que destaca seus lindos olhos. Por outro lado, outro bom motivo para tirar alguma coisa é *porque ela não funciona para você* — como o hidratante caro que irritou sua pele. Só porque custou um "bom dinheiro" não significa que precise ficar com ele — nem se obrigar a usá-lo.

Por fim, vamos considerar outro motivo não tão bom para acolher alguma coisa no banheiro: *porque foi grátis*. Aquelas amostras que você recebeu, os brindes que pegou no balcão de cosméticos e os minifrascos de sabonete e xampu que você traz de todo hotel entram nessa categoria. Sei que esses artigos pequenininhos de limpeza são superfofos, mas, se você não os usa, eles não passam de uma bagunça superfofa. Não os leve para o banheiro a menos que você realmente planeje usá-los.

Reduzir a rotina de beleza e de cuidados pessoais ajuda a criar um banheiro minimalista de verdade. Produtos especializados podem tornar a toalete complexa e demorada; chegamos a ponto de nos envolver num programa de limpeza de cinco passos, usando três cremes antienvelhecimento diferentes ou aplicando máscaras de argila diversas vezes por semana. Estamos cacheando nosso cabelo, alisando-o, enchendo-o de mousse, penteando-o, amassando-o ou modelando-o com spray. Estamos escondendo nossas falhas, destacando os maxilares e alongando os cílios. Ufa! Arrumar-se de manhã pode ser um trabalho e tanto!

Observe atentamente a sua rotina e considere o que pode cortar. Tenho certeza de que você vai ficar deslumbrante com *metade* do que faz agora. Se reduzisse os cuidados com a pele a apenas água e sabonete, você poderia se livrar dos limpadores e tônicos faciais chiques. Se você decidisse envelhecer bem, poderia descartar os cremes antirrugas. Se mantivesse um mínimo de maquiagem e um corte de cabelo simples, poderia jogar uma gaveta inteira de produtos fora. A beleza não vem de um frasco — ela vem de dentro. Em vez de acumular produtos milagrosos, opte por intensificadores de beleza naturais, como exercícios físicos, uma dieta saudável, muita água e uma boa noite de sono.

Para restringir ainda mais, escolha produtos multiúso. Alguns exemplos são combos de xampu e condicionador, batom com hidratante, sabonetes para corpo e cabelo e hidratantes com filtro solar. Até outros itens comuns também são instrumentos poderosos de beleza.

O bicarbonato de sódio, por exemplo, pode ser usado para esfoliar, escovar os dentes, lavar as mãos, imergir os pés e cuidar do cabelo. O azeite de oliva pode servir como hidratante facial, removedor de maquiagem, condicionador de cabelo e hidratante labial, além de tratar suas cutículas. Vaselina amacia mãos, pés, cotovelos e joelhos e pode substituir o rímel incolor. Produtos versáteis como esses podem eliminar um gabinete cheio de loções e poções.

Agora vamos falar sobre as toalhas. Elas conseguem se multiplicar sem parar! Por quê? Porque quando compramos toalhas novas, raramente jogamos as antigas fora. Elas são tão práticas que não temos coragem de fazê-lo. As toalhas novas ganham um lugar de honra na prateleira, enquanto as antigas são guardadas como reservas, e nossos armários ficam cada vez mais abarrotados a cada ano que passa. Observe seu banheiro, seu armário ou onde quer que as guarde e faça um inventário. Quantas toalhas você tem? Quantas pessoas moram na sua casa? Se existir uma diferença muito grande entre esses dois números, você precisa colocar a mão na massa.

Decida sobre o número de toalhas de que cada membro da família precisa. Se você for um minimalista extremo, o número mágico pode ser uma; no entanto, acho que a maioria das pessoas se sente mais confortável com duas. Com uma segunda toalha, você tem uma reserva enquanto lava roupa e uma extra para os hóspedes. Além disso, limite as toalhas a um tamanho versátil; toalhas de banho podem servir à maioria dos fins, permitindo que você as empregue como toalhas de mão e de rosto. Quanto menos peças tiver de guardar, lavar e controlar, melhor.

Por fim, como o banheiro é um espaço pequeno e funcional, evite a tentação de enchê-lo de bibelôs. Com a exceção de uma vela ou um vaso de flores, restrinja os objetos decorativos ao mínimo. Eles irão se molhar, se sujar e atrapalhar sua rotina de beleza. Não é legal ter medo de quebrar alguma coisa enquanto seca o cabelo. E quanto ao material de leitura, traga-o com você e leve-o quando sair — banheiro não é biblioteca!

CONTENHA

O espaço no banheiro pode ser apertado, e a área de armazenamento, escassa. Portanto, todo objeto deve ter um lugar designado e permanecer nele — como tropas alinhadas para a batalha, e não como a manhã seguinte a uma festa em casa.

Distribua suas coisas entre o Círculo Próximo, o Círculo Distante e o Estoque Oculto. O Círculo Próximo deve conter a maioria dos itens do banheiro: em resumo, as coisas que você usa todo dia. Itens comuns podem ser escova e pasta de dentes, fio dental, um produto para limpeza facial, hidratante, protetor solar, maquiagem, escova de cabelo, pente, barbeador, creme de barbear, cotonetes, algodão, toalha de rosto e qualquer outra toalha que esteja em uso. É óbvio que eles devem estar ao alcance para termos uma rotina de cuidados pessoais eficiente. O Círculo Distante deve conter os itens que você não usa com tanta frequência: chapinha, aparador de pelos de nariz, kit de primeiros socorros, máquina de barbear e toalhas e artigos de banho extras. Use o Estoque Oculto se compra determinado item aos montes — como sabonetes ou papel higiênico — e não tem espaço de armazenamento no banheiro.

Enquanto separa os itens variados, reúna objetos semelhantes em módulos. Em cada grupo, dê uma olhada longa e atenta ao que você possui. São grandes as chances de descobrir alguns itens repetidos no processo; então extermine os pentes, as pinças e os cortadores de unha a mais. Você pode descobrir que acumulou dezoito cores de esmalte ou seis perfumes diferentes. Quando os vir todos juntos, eles poderão parecer meio excessivos! Pergunte-se de quantos você precisa de verdade e reduza os itens aos favoritos.

Depois que tiver cortado os artigos de banheiro, use recipientes para os itens soltos. Mantenha os cosméticos num estojo de maquiagem, e os acessórios de cabelo, como grampos, presilhas e elásticos, em seu próprio saco. Faça o mesmo com remédios, cremes de beleza, itens para as unhas e outros acessórios. Quando eles estão rolando na gaveta, é difícil impedir que se multipliquem; além disso, o desarranjo oferece um ótimo esconderijo para acumular outros objetos. Quando eles estão guardados em recipientes separados, é mais fácil encontrá-los e mantê-los sob controle. Se quiser deixar tudo mais chique, faça com que os módulos tenham uma função decorativa também: algodão, cotonetes e sais de banho ficam lindos em potes de vidro e dão ao banheiro um elegante clima de spa.

Escolha uma gaveta ou prateleira para cada membro da família que usa o banheiro; assim, todos terão um módulo particular. Isso impedirá que os artigos de banho de sua família fiquem um caos. Essa estratégia fornece a cada pessoa um espaço definido para suas coisas e nada além disso. Se os produtos para cabelo de sua filha adolescente ou os xampus de sua esposa saírem das prateleiras designadas, elas terão de estocar o excesso em outro lugar. Se o espaço de armazenamento é escasso, considere a seguinte alternativa: mantenha apenas os itens em comum no banheiro e faça com que cada um estoque seus artigos pessoais em nécessaires (que podem ser trazidas para o banheiro e depois levadas embora quando a rotina de beleza acabar). Esse conceito, emprestado de repúblicas universitárias, reduz a bagunça e transforma o cômodo em um espaço colaborativo.

Ao aplicar limites ao banheiro, o número mágico é *um*. Para criar um gabinete verdadeiramente minimalista, tente restringir os artigos de banho a um de cada: um xampu, um condicionador, um limpador de pele, um tônico facial, um hidratante, um perfume, um pós-barba, uma loção corporal, uma pasta de dente, um batom, uma sombra, um rímel, um blush, um esmalte e assim por diante. Possuir um item de cada significa menos acúmulo no gabinete e menos coisas em que pensar pela manhã. Ter um de cada representa menos impacto ao meio ambiente tanto em termos de produção como de descarte. Ter um de cada é adotar o conceito de *suficiente*.

Para esse fim, use algo até o final antes de comprar um novo. Sei que é mais fácil falar do que fazer; quando ouvimos sobre aquele creme noturno "perfeito" ou o rímel "obrigatório", queremos correr até o corredor de produtos de beleza! Tente resistir a essas compras por impulso, especialmente se tem um produto parecido em casa — ou, pelo menos, jogue o antigo e nem tão milagroso assim fora quando trouxer um substituto para casa. Não se sinta obrigado a guardar os restos, pensando que pode acabar com eles algum dia; é provável que o produto estrague antes que você possa usá-lo. Do mesmo modo, depois que começar os itens novos, não permita que os tubos de pasta de dente e os frascos de condicionador quase vazios fiquem à espera; é improvável que você desenvolva força sobre-humana suficiente para arrancar as últimas moléculas que sobraram. Mantenha o controle sobre os cosméticos também. Se trouxer para casa um batom novo da paleta de outono ou uma nova sombra da coleção de primavera, diga *adiós* às cores da última estação. Uma seleção nova é muito mais divertida que um estoque de material antigo.

MANTENHA

Manter um banheiro enxuto é moleza! Na verdade, trata-se de um ótimo lugar para aperfeiçoar seus poderes minimalistas e ganhar habilidade e confiança para enfrentar o resto da casa.

O trabalho vai ser muito mais fácil se você for um bom porteiro. Mantenha a atenção constante a objetos avulsos — ainda mais se dividir o banheiro com outros membros da casa. Toda vez que sair do cômodo, leve com você tudo o que não pertence ao lugar: a mamadeira do bebê, o tênis do filho adolescente, a revista sobre carros do marido ou o livro que você está lendo. Garanta que ninguém use o cômodo como cesto de roupa suja improvisado ou local de estoque temporário; se o fizerem, mande-os buscar ou devolva imediatamente as posses extraviadas ao dono.

De preferência, mantenha as superfícies do banheiro livres de todos os itens que não estão em uso. Sei que é bastante tentador deixar a escova de dentes ou o desodorante quietinho num canto da bancada — afinal de contas, você os usa todos os dias —, mas, como já vimos, a bagunça nunca está desacompanhada. Se você deixá-los ficar, logo uma escova de cabelo vai se juntar a eles, uma lâmina de barbear vai começar a rondar, e daqui a pouco batom, hidratante e perfume vão se juntar à festa. Multiplique isso pelos vários membros da casa e sua bancada logo ficará abarrotada. Acredite em mim, é muito melhor deixar tudo em seu lugar.

Pelos mesmos motivos, absolutamente nada deve ficar no chão do banheiro — nenhuma toalha, nenhuma roupa nem artigos extras. Aprisione as roupas sujas num cesto e mantenha as provisões excedentes no gabinete, em cestas ou caixas empilháveis (ou em outra parte da casa). Use ganchos e suportes para pendurar toalhas e roupões. As bordas da banheira também devem ficar livres; instale uma prateleira ou use suporte para registro em vez de alinhar o sabonete, o xampu e o creme de barbear em volta dela.

Superfícies vazias não apenas são mais bonitas como também mais higiênicas. Banheiros são ambientes quentes, úmidos e fechados. Sujeira, mofo e germes se proliferam nessas condições e irão se espalhar por todos os objetos ao alcance deles — quanto menos hospedeiros oferecermos a eles, melhor. As bancadas são muito mais fáceis de limpar quando não temos de nos preocupar em tirar do lugar ou derrubar uma série de coisas.

No mínimo, esvazie as superfícies antes de ir dormir. Coloque todos os artigos de banho e outras coisinhas nos locais apropriados, pendure todas as toalhas e faça uma limpeza rápida nas bancadas. Faça disso uma rotina regular antes de ir para a cama e você vai acordar com um lindo banheiro minimalista toda manhã!

27
Espaços de armazenamento

Agora que já enxugamos o espaço em que vivemos, vamos dar uma olhada nos espaços de armazenamento — como o porão, a despensa e a garagem. Muitas vezes, é aqui que a bagunça do resto da casa vem parar quando não sabemos o que fazer com ela. No entanto, só porque ela está longe dos olhos não significa que esteja longe do coração.

O espaço de armazenamento parece a resposta aos nossos problemas; como nossa vida seria organizada se tivéssemos um porão inteiro, uma despensa grande ou uma garagem de dois carros para guardar todas as coisas! Infelizmente, porém, essa "solução" costuma sair pela culatra: as coisas se expandem até que ocupem todo o espaço disponível e, antes que notemos, possuímos mais coisas do que nunca para tomar conta.

Eu e meu marido já moramos de maneira muito confortável numa quitinete, sem nenhum espaço de armazenamento além de uma pequena despensa. Depois, nos mudamos para uma casa de três quartos, com um sótão, um porão e uma garagem. Adivinha o que aconteceu? Nossas posses cresceram de modo exponencial! Durante os anos na quitinete, sempre que cansávamos de um móvel, de um artigo esportivo ou de um hobby, precisávamos nos livrar dele — simplesmente não tínhamos espaço para guardá-lo. Depois que nos mudamos para nossa casa, essas coisas iam parar no porão, porque "vai que" precisemos delas algum dia. Bom, os itens da categoria "por via das dúvidas" iam se empilhando e se empilhando, criando todo um novo problema de acúmulo. Para ser sincera, é mais fácil viver com o mínimo quando não se tem *nenhum* espaço de armazenamento!

Para evitar o acúmulo de bagunça, mantenha o espaço de armazenamento tão enxuto quanto o espaço de estar. Só porque você tem uma garagem grande não significa que precise encher cada centímetro dela. Melhor guardar seu carro lá do que um bando de coisas que você não usa. Além disso, essas áreas podem servir como mais um espaço colaborativo: são lugares ideais para se dedicar a hobbies que fazem bagunça e também podem ser convertidas em salas de estar ou em quartos. Não permita que tralhas inúteis impeçam você de usar o potencial máximo desses cômodos.

No caso de espaços de armazenamento, você pode Recomeçar de duas formas possíveis: um pouquinho de cada vez ou tudo de uma vez só. Se estiver se sentindo ambicioso, vá com TUDO! Dedique um fim de semana inteiro à arrumação e esvazie o porão, o quartinho da bagunça ou a garagem. É mais fácil deixar coisas passarem despercebidas quando estão escondidas em cantos escuros, então traga-as para serem examinadas sob a luz. Às vezes o simples ato de retirar um objeto de casa o ajuda a superar a vontade de ficar com ele — de uma hora para outra parece ridículo continuar apegado à sua chuteira antiga ou à bicicleta quebrada que não usa há anos.

Para conseguir resultados melhores, envolva a família inteira e dê à tarefa um clima de festa. Toque música, sirva bebidas e crie uma atmosfera divertida para parecer mais uma brincadeira do que um trabalho. Um pouco de competição saudável ajuda: encarregue cada membro da casa de expulsar suas próprias coisas e declare a pessoa com menos coisas restantes o vencedor. Para dar mais incentivo, faça planos de como usar o espaço "novo"; seu filho adolescente pode aceitar o projeto com muito mais entusiasmo se o resultado for um home theater ou um lugar para a banda dele ensaiar.

Outra opção, caso uma grande limpeza pareça assustadora, é lidar com caixa por caixa. Uma empreitada tão grande pode ser menos intimidante quando feita aos poucos. Para progredir, imponha um cronograma regular: por exemplo, analise uma caixa por dia ou por semana.

Retire-a da área de armazenamento e coloque-a em outra parte da casa para examinar seu conteúdo; quando você tira as coisas do contexto usual, é menos provável que as coloque de volta. Ir devagar permite que você considere cada objeto com cuidado e que tenha tempo de digitalizar fotos, documentos e outras lembranças antes de descartá-los.

E, a todo custo, se tiver uma unidade de armazenamento fora de sua propriedade, livre-se dela! É como alugar uma segunda casa para as coisas em excesso — *coisas das quais você nem gosta o bastante, afinal, nem convive com elas*. Pondere as seguintes questões: você consegue listar de memória o conteúdo de sua unidade de armazenamento? Se não, você precisa *mesmo* de coisas que nem sabe que possui? Quando foi a última vez que usou esses objetos? Vale a pena pagar para estocar coisas que nunca utiliza? Se você não as quer dentro de casa, por que ficar com elas? Você pode descobrir que, nessa situação, a melhor maneira de Recomeçar é abrir mão desses espaços.

ORGANIZE

Enquanto divide suas coisas nas pilhas de Tralha, Tesouro ou Transferência, mantenha a simplicidade e siga a seguinte regra: se você não usa um objeto há mais de um ano, ponha-o já para fora. Esse período é suficiente para cobrir decorações de Natal, objetos sazonais, como brinquedos de piscina e cadeiras de praia, e equipamentos esportivos que são usados apenas ocasionalmente, como raquetes de tênis e bolas de basquete. Do mesmo modo, se não usou o equipamento de camping nem montou a decoração de Dia das Bruxas no ano passado (nem há muitos anos), está na hora de se perguntar *por que* você ainda os guarda.

É provável que encontre coisas de sobra para sua pilha de Tralha aqui, pois esses espaços costumam ser depósitos de objetos quebrados. Considere qual é a probabilidade de você consertar o televisor ou o cortador de grama enguiçado se já o substituiu por um novo (vou dar uma dica: nenhuma!). Do mesmo modo, questione se a cadeira com o assento quebrado ou a mesa com a perna bamba voltará a entrar na sua sala de jantar algum dia. Se você *realmente* fosse consertar esses móveis, já o teria feito a essa altura. Livre-se da tarefa libertando-os — isso vai tirar um peso dos seus ombros e lhe dar tempo de se dedicar a atividades mais agradáveis.

Sua pilha de Transferência também irá se encher rapidamente, porque espaços de armazenamento abrigam vários projetos abandonados e hobbies de que não gostamos mais. Muitas vezes sentimos culpa por abandonar atividades, em especial depois de termos gastado com material ou com aulas práticas. Por isso, guardamos o equipamento, prometendo "voltar a ele" algum dia. Lembre-se: você não é obrigado a continuar essas atividades. Doe a mesa antiga que nunca terminou de reformar, dê ao vizinho a vara de pescar que não vê a luz do dia há anos ou venda a máquina de costura que você nunca aprendeu a usar. Permita-se seguir em frente, é muito libertador! Quando esses objetos não forem mais um fardo, você terá energia e entusiasmo para se dedicar a novas paixões.

O mesmo vale para os móveis. Quando redecoramos a casa, é comum acabarmos com móveis que não "combinam" mais, mas, em vez de nos livrarmos deles, nós os guardamos na garagem ou no porão. Se ninguém senta, janta, trabalha ou dorme neles, de que adianta mantê-los? Objetos de bebê em particular costumam ser guardados indefinidamente — mas o único motivo para ficar com os berços, as cadeiras e os cercadinhos de bebê é se realmente pretendemos ter outro filho. Não guarde o berço de vime que não é usado há quinze anos só porque ele o faz recordar dos anos mais fofinhos de seu filho adolescente — ele não tem o poder de voltar no tempo. Transfira-o para uma pessoa que precise dele, deixe que ajude uma jovem família em dificuldades, em vez de acumular poeira no porão.

Além disso, não transforme a despensa (ou o porão ou a garagem) num museu de história antiga. Olhe com atenção para os livros escolares, os troféus de natação, os blusões da faculdade, os vestidos de formatura e outras memórias, e a menos que realmente planeje usar seu uniforme de futebol de novo (e você vai precisar de força para isso), liberte-se desses artigos. Preste a mesma atenção às relíquias herdadas escondidas: se não são especiais o suficiente para que você as mantenha em casa, pergunte-se se elas são especiais o bastante para que sejam guardadas em qualquer outro lugar.

Por fim, enquanto reúne seus Tesouros, tenha isso em mente: por mais maravilhosos que sejam os espaços de armazenamento, eles não costumam ser tão limpos e ter o clima tão controlado quanto o resto da casa. Pó, sujeira, umidade, insetos e outros bichinhos podem danificar as coisas ao longo do tempo. Quando (e se) precisar de um objeto, ele pode não estar mais em bom estado, e você terá de comprar um novo de qualquer maneira. (Caramba, depois de tanto trabalho guardando-o durante todos esses anos!) Muitos vestidos de casamento, com a intenção de serem passados para a geração seguinte, morrem lentamente dessa forma. Tenha certeza de que seus Tesouros conseguem sobreviver nesse ambiente. Se não, leve-os para o espaço de estar para serem guardados com segurança ou deixe que outras pessoas os utilizem *agora*, em vez de permitir que se deteriorem.

Mesmo longe da vista, as coisas em despensas, porões e garagens estão sempre lá, pairando sobre nossas cabeças, empilhadas sob nossos pés e fazendo pressão ao nosso redor. Basta pensarmos que estamos cercados de tralhas para nos sentirmos sufocados. Por isso, restrinja o conteúdo desses espaços o máximo possível: guarde apenas o que usa regularmente (ou pretende usar no futuro próximo). Não mantenha muitas coisas da categoria "por via das dúvidas". A vida é mais estimulante quando se vive com menos!

Primeiro, reconsidere as decorações sazonais. Por que dedicar espaço para decorações compradas em lojas quando os frutos da natureza são bem mais elegantes? Durante as festas de fim de ano, decore a casa com sempre-vivas, pinheirinhos e ciprestes em vez de bugigangas manufaturadas. Embeleze sua casa com nozes inteiras e folhas de carvalho no outono e com flores recém-colhidas na primavera. Para dar textura e cor aos cômodos, use pedrinhas, ramos e frutas em vez de bibelôs produzidos em massa. Quando você decora com a natureza, consegue um ar "fresco" em todos os sentidos da palavra — e, melhor ainda, não tem nada para estocar.

Segundo, dedique-se a esportes e hobbies que exijam pouco equipamento. É possível praticar futebol e tênis com muito menos coisas do que escalada e golfe, e você pode praticar ioga, caratê e dança quase sem nenhum material. Dá para caminhar ou correr ao ar livre em vez de comprar uma esteira e se concentrar na ginástica aeróbica em vez de se exercitar nos aparelhos de musculação. Faça o mesmo com os hobbies: embora marcenaria e cerâmica sejam atividades maravilhosas, elas exigem inúmeros materiais e ferramentas. Aprender uma língua, escrever poesia ou desenhar podem trazer a mesma satisfação sem todas aquelas tralhas.

Por fim, pegue emprestado. Se você mergulha somente de vez em quando, alugue o snorkel e os pés de pato em vez de possuí-los; se usa a lavadora de alta pressão nos muros apenas uma vez por ano, contrate o serviço de uma empresa; se quase nunca precisa de uma parafusadeira, pegue emprestada a do vizinho. Além disso, se quase nunca usa seu carro, venda-o e combine um sistema de pegar caronas com seus colegas de trabalho, dividindo com eles o custo do combustível, por exemplo — você irá reduzir os gastos e aumentar o espaço na garagem.

CONTENHA

Nessas áreas de armazenamento, assim como em outras partes da casa, é fundamental que tudo tenha o seu lugar (e continue nele). Montanhas bagunçadas de coisas aleatórias podem dominar esses espaços rapidamente. Resista à tentação de guardar algo num canto ou empilhar coisas na prateleira mais próxima; se fizer isso, você acabará com uma tremenda desorganização que atrairá apenas mais acúmulo.

Planeje o espaço com cuidado e designe os objetos a suas áreas apropriadas. Por exemplo, mantenha o cortador de grama, a tesoura de poda e os sacos de terra numa área de quintal e jardim; junte as raquetes de tênis, os patins e a bola de futebol numa área de esportes; reúna a cera automotiva, as chaves inglesas e o óleo para motor numa área de conserto de carro; e guarde as chaves de fenda, a furadeira e as latas de tinta numa área de manutenção da casa. Dividir o espaço de armazenamento em seções específicas o ajuda a encontrar aquilo de que precisa e impede que acúmulos inúteis entrem sorrateiramente.

Você poderia supor que tudo o que estiver nesses espaços irá para o Estoque Oculto, mas não é bem o caso. Porões e garagens contêm objetos que usamos regularmente, portanto, precisamos organizar os espaços para que aqueles que utilizamos com mais frequência sejam fáceis de achar. No Círculo Próximo, guarde tudo o que você usa com frequência — como material de limpeza, equipamento de jardinagem e ferramentas para consertos da casa e do carro — em prateleiras, cavaletes e ganchos mais acessíveis. Pense no Círculo Próximo como um espaço "ativo", que abrigue todo o material e os equipamentos necessários (e talvez mesmo a estação de trabalho) para realizar tarefas cotidianas.

O Círculo Distante é basicamente um espaço de armazenamento para objetos usados uma vez por ano ou durante parte de um ano. É nessa seção que você vai guardar a decoração de Natal, os equipamentos de manutenção e os artigos de lazer e esportivos que estejam fora de estação (como o guarda-sol e o equipamento de camping no inverno). Por fim, o Estoque Oculto é para objetos em que você tem pouca intenção de pôr os olhos novamente, mas que é obrigado a manter por um ou outro motivo. Essa categoria não deve conter muita coisa; na verdade, documentos financeiros ou jurídicos são as únicas que me vêm à cabeça. Mais importante: não use o Estoque Oculto para esconder coisas (como relíquias de família) com as quais não quer lidar.

Como essas áreas de armazenamento abrigam uma grande variedade de objetos — de coolers a caiaques, de patins a ancinhos de jardim —, os módulos são a melhor maneira de mantê-las organizadas. Consolide objetos semelhantes, dos maiores aos menores: além de agrupar pás e regadores, separe porcas, pregos e parafusos por tipo e tamanho. (Para o organizador nato, essa será a realização de um sonho!) Em vez de etiquetar um monte de caixas com "reparos domésticos", separe os conteúdos em módulos de encanamento, elétrica, marcenaria, pintura e cuidados externos. Da mesma forma, separe as decorações de acordo com a ocasião ou a estação do ano — assim, você não terá de mergulhar entre as bolas de Natal para pegar os enfeites de Páscoa. Organize artigos esportivos por atividade ou por pessoa, e guarde artigos de inverno (como botas, toucas e luvas) e de verão (como chinelos e toalhas de praia) em módulos separados. Descarte todos os repetidos ou excessivos durante o processo.

Em seguida, encontre recipientes adequados para objetos de porte pequeno e médio; deixados à solta, eles tendem a sair por aí e a se meter em encrenca. Vidros e caixas transparentes são o ideal, pois permitem que você verifique seu conteúdo com uma simples olhada. Etiquete com clareza ou codifique com o auxílio de cores recipientes opacos — como verde para as ferramentas de jardinagem ou vermelho para os artigos de emergência — para não ter de procurar em dezenas de caixas até encontrar o que precisa. Melhor ainda, dê um passo além: faça um inventário do conteúdo de cada recipiente, imprima a lista e cole-a na frente da caixa. Assim, você conseguirá pôr as mãos em tudo em questão de minutos, além de manter objetos avulsos longe dali.

Como espaços de armazenamento ficam fora da vista, é tentador entulhá-los com tudo o que couber neles, mas essa não é uma atitude muito minimalista, é? Em vez disso, faça um uso generoso de limites para manter as coisas sob controle. Primeiro, considere restringir o conteúdo ao que cabe nas prateleiras ou no estoque vertical. Ao tirar o piso da equação, você elimina grandes quantidades de possíveis acúmulos e libera o espaço para outras atividades (como estacionar o carro ou trabalhar num hobby). Da mesma forma, limite suas posses por categoria, como uma ou duas caixas de equipamento esportivo, decorações sazonais ou ferramentas. E se você *precisar* guardar presentes, lembranças e outros objetos de valor sentimental, restrinja-os a uma única caixa.

Se não tomarmos cuidado, os espaços de armazenamento podem se tornar buracos negros: as coisas entram ali, mas nunca mais saem. Quartinhos de bagunça e porões viram museus de tecnologia antiga, asilos de ferramentas velhas e memoriais a passatempos abandonados. Quebre a atração gravitacional praticando o Entra-Um-Sai-Outro: descarte aparelhos eletrônicos e outros objetos que você já trocou por algo melhor e desista de um esporte ou hobby antigo (e dos materiais relacionados a eles) quando se dedicar a um novo. Quando uma coisa entra, outra sai — e *não* vai parar na garagem!

MANTENHA

Na despensa, no porão ou na garagem, mantenha tudo o que serve como espaço funcional — como bancadas ou mesas — completamente livre. As tarefas realizadas nessas áreas às vezes são perigosas, por isso, manter superfícies livres de bagunça é uma precaução de segurança essencial. Além disso, quando você decide começar um projeto, é desanimador ter de tirar o lixo da área antes de começar. Para manter a bancada livre, instale uma placa perfurada sobre ela, assim todas as ferramentas, parafusos, pregos, cavilhas e outras peças estarão fora da superfície, mas ao seu alcance.

Do mesmo modo, faça o possível para manter o piso livre. Essas áreas podem ser estranhas e escuras, o que aumenta o risco de tropeços se houver algo no chão. Quando você tenta transpor o terreno desviando de uma escada de três metros ou de alguns galões de tinta, não é um bom momento para descobrir que o trenzinho do seu filho está fora do lugar. Faça um bom uso do espaço de armazenamento vertical usando prateleiras e ganchos nas paredes. Pendure ferramentas de jardinagem, como ancinhos e pás, equipamentos esportivos, como skates, e redes com objetos menores, como bolas de futebol, capacetes e outros acessórios. Instale cavaletes altos para guardar bicicletas e objetos maiores sem obstruir o caminho. O ideal é que você consiga andar pelo espaço sem passar por cima, dar a volta ou trombar em nenhum objeto.

Para manter os espaços de armazenamento livres de bagunça, você *precisa* ser um bom porteiro, porque, depois que as coisas se acomodam, é necessário muito esforço para despejá-las. Questione todos os objetos que partirem para a despensa, o porão ou a garagem *antes que eles cheguem lá* — se sair algo do espaço de estar, pode muito bem estar saindo da casa toda. Não utilize essas áreas para não ter de encarar a realidade ou para evitar decisões difíceis; quando você se surpreender a caminho do quartinho de bagunça com a coleção de caixinhas de música da sua tia, pare e pense em outras formas de lidar com ela. Oferecê-la para a sua cunhada ou doá-la para um bazar de caridade pode ser uma solução melhor.

Além disso, considere fazer uma organização de Um por Dia: essas áreas oferecem muitas oportunidades para a expulsão do excesso de coisas da casa. Melhor ainda, elas são *fáceis*: como os objetos habitam fora do espaço em que você vive, você já está desapegado deles, de certa forma. Não os vê nem os utiliza diariamente e tem uma boa noção de como é viver sem eles. Pense assim: se você se mudasse para o outro lado do país, se daria ao trabalho de arrastar tudo isso com você? Se eles não são especiais (ou úteis) o bastante para que você os embale, encaixote e carregue, você pode muito bem libertá-los. Ao fim do ano, você terá 365 coisas a menos para guardar — um incentivo maravilhoso por si só!

No mínimo, faça uma grande sessão de organização uma vez por ano; programe-a em um feriado para ter um clima especialmente festivo. Descarregue todo o conteúdo da despensa, do porão ou da garagem no quintal e tente devolver *menos da metade* para o espaço. Expulse ferramentas não utilizadas, materiais de hobbies desinteressantes, artigos esportivos antigos e tudo o mais que possa ter entrado ali nos últimos doze meses. Para aumentar a motivação, planeje um bazar para o fim de semana seguinte e destine os lucros para fazer algo divertido — como uma viagem em família ou a matrícula na escola de natação. Transforme isso numa tradição, e todos ficarão ansiosos pelo "recomeço" anual.

28
Presentes, heranças e objetos de valor sentimental

No decorrer da arrumação, você irá se deparar com certos objetos que o farão hesitar. Eles não são nem úteis nem bonitos, mas você não consegue descartá-los. A ironia é que talvez você nem sequer tenha escolhido trazê-los para a sua vida. Do que estou falando? De presentes, heranças e objetos de valor sentimental.

PRESENTES

Teoricamente, os presentes são coisas boas, certo? Eles servem para ser dados com alegria, recebidos com alegria e estimados pelo resto da vida. Ao longo da história, os presentes sempre foram poderosamente simbólicos e são usados para prestar respeito, obter favores, expressar amor, demonstrar hospitalidade, selar amizades e pedir perdão, entre outras coisas. A palavra-chave aqui é *simbólico*. O presente em si não passa de um símbolo de um sentimento, uma intenção ou uma relação — que, mesmo sem o objeto, continuam vivos. Em outras palavras, o laço representado por aquela caneca em que está escrito "Melhor amigo" tem pouco a ver com a caneca em si.

Infelizmente, o ato moderno de dar presentes foi dominado pela agressividade do marketing. Em cada feriado importante, somos metralhados por anúncios que nos incentivam a comprar isso, aquilo e aquilo outro para nossos entes queridos. Eles prometem que a felicidade irá reinar se dermos a joia certa para a nossa esposa, o eletrônico certo para o nosso marido, o cachecol certo para a nossa amiga e os brinquedos certos para os nossos filhos — e, por outro lado, insinuam a decepção que eles irão sofrer se não os comprarmos. Por consequência, nossos presentes hoje em dia costumam ser carregados de obrigações, expectativas e culpa.

Graças ao marketing, nenhum feriado, aniversário, open house ou casamento passa sem troca de presentes — a evidência disso está em nossas gavetas e armários superlotados. Multiplique as ocasiões pelo número de amigos, parentes e colegas, e as coisas podem se acumular rapidamente! O desafio quando nos tornamos minimalistas é duplo: expulsar os presentes indesejados que já temos e evitar o recebimento de novos.

O lado bom de todos os presentes espalhados por aí é que a maioria das pessoas esquece rapidamente com o que presenteou. *Você* se lembra do que deu ao seu chefe no Natal ou ao seu parceiro no aniversário de dois anos atrás? Se sim, já viu esse presente desde então — ou se importa se não tiver visto? Para a maioria das pessoas, o *ato* de dar é o mais importante, e elas não voltam a pensar no objeto depois que ele troca de mãos. Por isso, quando sua cunhada vier jantar, ela provavelmente não irá examinar as prateleiras em busca do castiçal que lhe deu no ano passado. O que conta é a lembrança, e não a coisa em si.

Por isso, guarde apenas o que você realmente ama e liberte o que não ama — pense nisso como se estivesse espalhando a generosidade do presenteador para o mundo! No futuro, coloque presentes indesejados diretamente na caixa de doação, já que é mais fácil se despedir deles antes que se acomodem. É provável que vários meses se passem até que você doe o conteúdo da caixa para alguma instituição; por isso, se a pessoa que lhe deu o presente o visitar nesse meio-tempo, busque o objeto e o exponha temporariamente. Lidar com presentes enviados de longe é ainda mais fácil: agradeça com muito carinho e envie uma foto do presente em uso. Tire uma selfie vestindo o cachecol tricotado por sua prima ou segurando a bolsa nova que ganhou da sua tia. Mande a foto para a pessoa e o objeto para a caridade, e todos ficarão felizes.

Outra opção é vender o presente e usar o dinheiro para comprar algo novo. Assim, você terá um símbolo do sentimento do presenteador de forma mais funcional ou bonita. Você também pode passá-lo adiante se seguir essas regras simples: faça questão de que o objeto combine com o presenteado e que seja algo que você teria comprado para ele, dê o presente fora do círculo social (e, de preferência, da região) de quem lhe presenteou e ofereça apenas objetos que não chegou a usar.

Melhor ainda: evite essas situações optando por não participar de trocas de presentes. Eu sei, eu sei, é mais fácil falar do que fazer! Pode não ser um problema no escritório ou entre conhecidos casuais, mas com amigos e parentes é outra história. Mudar as tradições das festas pode ser um desafio e é algo que deve ser feito com diplomacia e charme. Para aumentar as chances de sucesso, faça uma abordagem positiva: proponha passarem um tempo juntos em vez de trocarem presentes ou expresse o desejo de conservar os recursos do planeta. Se a ideia não pegar, sugira um amigo-secreto; assim, pelo menos, você receberá apenas um presente em vez de cinco, dez ou vinte.

Para os que insistem em lhe presentear, expresse sua preferência por artigos consumíveis. Comente como seria maravilhoso ganhar queijos, um pacote de macarrão especial ou grãos de café gourmet; ou mencione que adora doces e fale com desejo de bolos e chocolates artesanais. Faça com que todos saibam que você ama sais de banho chiques, velas feitas à mão ou loções corporais perfumadas. Lembre-os de que você adora jardinagem e peça plantas, flores ou sementes para o jardim. Outra opção é sugerir presentes de "experiência", como aulas de música, ingressos para o teatro ou uma carteirinha da biblioteca. Ou proponha trocar serviços, como cuidar dos filhos, varrer o quintal, lavar o carro ou consertar o computador. Troque "cupons" para serviços específicos que podem ser retirados quando necessário. Mais simples ainda: almocem ou tomem um café juntos para celebrar as festas.

Propor doações à caridade em vez de presentes é ainda melhor. O dinheiro que gastamos comprando eletrônicos, enfeites e bibelôs uns para os outros pode fazer muito bem para os menos favorecidos. Em vez de comprar, passe uma tarde escolhendo suas instituições favoritas com seus familiares (lembre-se de envolver as crianças). A experiência pode ser muito mais gratificante do que enfrentar multidões no shopping. Envolver-se em filantropia com amigos e parentes os aproxima em torno de uma causa em comum. Isso tornará as ocasiões mais plenas e significativas, e você não terá de devolver o presente, passá-lo adiante nem organizá-lo.

HERANÇAS

Quando se trata de jogar coisas fora, as heranças são um assunto delicado. Em muitos casos, não decidimos adquirir esses objetos, muito menos nos comprometemos a cuidar deles pelo resto da vida. Mas, de repente, nos surpreendemos tirando o pó de bonequinhas de porcelana, nos perguntando onde pendurar um quadro de cachorros jogando pôquer ou tentando incorporar um divã vitoriano à sala de estar moderna. Em geral, não ficamos com esses objetos porque são úteis ou bonitos, mas continuamos com eles por culpa, sentimentalismo e responsabilidade, para preservar o "legado" da família.

As heranças costumam entrar em nossa vida quando entes queridos falecem — basta isso para fazer com que paralisemos a nosso projeto de arrumação. Sentimos que esses objetos são tudo o que nos restou daquela pessoa especial e que, ao nos livrarmos deles, perderíamos essa última ligação. Trata-se de um processo emotivo e difícil; portanto, dê-se bastante tempo para passar pelo luto antes da tentativa de se livrar deles. Se possível, mantenha as heranças encaixotadas ou guardadas até estar pronto para tomar algumas decisões. Depois que elas se acomodam em sua casa, fica ainda mais difícil libertá-las.

O mais importante a se lembrar é que *as coisas não são a pessoa*. Esses objetos não passam de coisas que eles possuíam, assim como as que você possui. Você sente que está incorporado nos seus pratos de jantar ou que sua mesa de canto simboliza seu ser? Claro que não! Da mesma forma, seu ente querido não é o objeto em cima do aparador e não deve ser igualado a ele. Você acha mesmo que sua avó desejaria ser espanada toda semana? (Ou, pior, ficar escondida num sótão abafado?) Em vez de guardar lembranças, honre a pessoa que perdeu compartilhando suas histórias e fotografias com amigos e familiares. As lembranças são infinitamente mais valiosas do que qualquer "coisa" que ela deixou para trás.

Nossa obrigação não é necessariamente guardar os objetos que herdamos, mas encontrar o melhor uso para eles. Fomos confiados com a tarefa de guiá-los para um novo lar, que não *precisa* ser o nosso. Outro parente pode até ficar contente por ter um pedaço da história da família. Não permita que brigas entre herdeiros o forcem a ficar com coisas que você não quer — em outras palavras, não acumule pratarias para que sua prima não fique com elas. Passe-as generosamente para quem as desejar e deixe que essa pessoa seja responsável por sua custódia.

Se a herança for valiosa ou tiver importância histórica, empreste-a (ou doe-a) para um museu ou para uma sociedade histórica local. A instituição pode adorar a oportunidade de exibir o uniforme da Primeira Guerra Mundial do seu avô ou a coleção de pinturas de paisagens locais do seu tio. É uma maneira maravilhosa de dividir o legado do seu ente querido e transferir o cuidado e a responsabilidade por objetos tão preciosos a mãos mais capazes. Mesmo se seus itens não forem valiosos, tente alocá-los onde eles sejam apreciados. Por exemplo, ofereça o relógio de pêndulo ou o antigo fonógrafo que herdou a um asilo próximo. Dê a coleção de bonecas da sua tia para uma garotinha que irá apreciá-la ou doe as caixas de livros dela para a biblioteca local. Procure maneiras pelas quais esses objetos possam trazer alegria para os outros, em vez de acumularem pó no sótão.

Outra opção é vender o objeto e empregar o valor para o bem. O tio Fred ficaria supercontente se os equipamentos esportivos dele pagassem as aulas de tênis do sobrinho favorito; assim como a tia Lara ficaria feliz ao saber que o conjunto de taças de cristal dela financiaram os novos armários de sua cozinha. A intenção deles não era sobrecarregá-lo com antiguidades mofadas, mas fazer algo especial para você, portanto seria ótimo se você conseguisse transformar a generosidade deles em algo de que realmente irá gostar. Outra ideia: doe os lucros para a causa ou a instituição de caridade de sua preferência. Não consigo pensar numa maneira melhor de honrar a memória de alguém.

Guarde, dê, doe ou venda uma herança que tenha valor monetário, mas não se apegue a ela porque *pode* valer alguma coisa. Podemos fantasiar que a coleção de selos ou a pintura a óleo que herdamos irá financiar nossa aposentadoria, mas, na maioria das vezes, esse é apenas um motivo para guardar o objeto e evitar que lidemos com ele. Em vez de inventar desculpas milionárias para mantê-lo, *descubra o quanto ele vale*. Procure objetos semelhantes em lojas e leilões on-line para determinar seu valor de mercado. No processo, você descobrirá se sua peça é comum ou extremamente rara. Se for rara, consiga uma avaliação profissional ou entre em contato com uma casa de leilões. Mas não se desespere se a prataria de sua avó for vendida a preço de banana; agora você não tem mais de arrastá-la com você a cada mudança acreditando que um dia ela pagaria a faculdade do seu filho. Se guardá-la, vai ser pelos méritos dela, e não pela esperança de obter um lucro futuro.

Não importa o valor que eles tenham, o sentimento basta para dificultar a despedida de alguns objetos. Considere "miniaturizá-los" em vez disso. Só porque herdou uma grande coleção de vasos de cerâmica isso não significa que você precise guardar *todos* eles. Escolha um ou dois especiais e exiba-os com orgulho. Se a herança for um único objeto, preserve apenas *parte* dele: corte alguns retalhos daquela colcha velha ou retire os puxadores da penteadeira antiga. Você continuará tendo algo para se lembrar do antigo proprietário, mas será algo menor, mais manejável e fácil de guardar. Também é possível preservar o sentimento ao digitalizar as heranças. Escaneie cartões, cartas, documentos e gravuras antigas e tire fotos digitais de objetos maiores. Uma foto da máquina de costura com pedal da sua tia trará as mesmas lembranças que o objeto em si, mas sem ocupar espaço.

Por fim, às vezes *você* planeja passar alguns objetos adiante. Pode parecer cruel, mas tenha em mente o seguinte: existe uma boa chance de que seus filhos não os queiram. Eles não terão a menor ideia do que fazer com suas peças de artesanato regional, e talvez seu aparador art déco não combine com a decoração deles. Se você tiver itens valiosos que gostaria de deixar, sonde o interesse deles; eles podem ficar mais contentes em ajudá-lo a vendê-los agora do que terem de resolver isso depois. Faça da organização parte do planejamento de sua herança:

reduza suas posses enquanto ainda está aqui e não passe o que acumulou para a geração seguinte.

OBJETOS DE VALOR SENTIMENTAL

Infelizmente, as heranças não são os únicos objetos de valor sentimental com que temos de nos preocupar; ao longo da vida, acumulamos muitos outros itens pessoais. Acontecimentos, marcos e ritos de passagem sempre parecem vir com "acessórios" — e como pode ser difícil se livrar desses objetos comemorativos!

Começamos a acumulá-los desde que nascemos, muito antes de termos poder de escolha. Seus pais devem guardar sua primeira colher ou copinho de bebê, ou ter enquadrado seu primeiro par de sapatos. Eles podem ter mantido boletins, troféus de natação e os desenhos que você fez na aula de educação artística. Podem ter guardado seu uniforme esportivo ou as insígnias de escoteiro. Quando ficamos mais velhos, damos continuidade a isso: guardando nossas batas de graduação, lembranças da república em que moramos na faculdade, bilhetes de cinema, bugigangas de viagens, cartões-postais, cartões comemorativos, cartas, entre outras coisas. Depois nos casamos, temos filhos e começamos a guardar as coisas *deles*... (ai, meu Deus!).

As lembranças e as emoções ligadas a esses objetos fazem com que seja difícil nos livrarmos deles. Ao abrir mão deles, parece que estamos abrindo mão de nós mesmos. Mas todos sabemos que isso não é verdade! Descartar sua antiga camisa de futebol não vai torná-lo menos atleta; jogar fora os presentes de casamento não irá anular seu matrimônio; e expulsar as lembrancinhas de bebê não vai torná-lo um mau pai. Os acontecimentos e as experiências da vida não estão incorporados nesses objetos. As coisas são temporárias — elas podem ser quebradas, manchadas ou levadas embora —, mas as memórias são para sempre.

É com isso em mente que devemos encarar os objetos de valor sentimental que nos fazem hesitar durante a arrumação.

COISAS DE CASAMENTO

Seu casamento é um dos acontecimentos mais importantes e memoráveis da sua vida. No entanto, pode parecer que você não se casou apenas com seu parceiro, mas sim com toda uma pilha de coisas. Você pode sentir que se comprometeu a preservar eternamente o vestido, a cauda, o arranjo de cabelo, o véu, os sapatos, os presentes, os convites, as flores, os laços, os enfeites do bolo, os pratos, os centros de mesa, o livro de convidados, o álbum de fotos, as molduras, os cartões, as velas, as decorações e as outras lembrancinhas que entraram em sua vida naquele dia. Mas lembre-se: você prometeu ficar todos os dias da sua vida com seu cônjuge, não com as caixas cheias de tralhas matrimoniais.

Estabeleça limites para lidar com esses objetos. Escolha alguns para preservar ou reduza sua coleção a uma única caixa. Prometo que você não vai perder o sono por causa dessas tranqueiras e que seu casamento não sofrerá nadinha. O vestido é um caso difícil. Vestidos de casamento são frágeis, volumosos e difíceis de guardar, porém não conseguimos nem pensar em descartá-los. Mas pondere o seguinte: por que guardar algo que você nunca voltará a usar? Ele provavelmente está bem documentado em fotos ou vídeos — e, quando você for compartilhar memórias do seu casamento, vai mostrar as fotos, não o vestido, certo?

Você o está guardando para sua filha? É uma ideia linda, mas ela provavelmente não vai usá-lo. (Você usou o vestido da *sua* mãe?) Escolher um vestido é um rito de passagem matrimonial, por isso a chance de que sua filha escolha um trinta anos mais velho que ela e saído diretamente do porão é minúscula. Além do mais, as condições de armazenamento podem ser desfavoráveis para um traje tão delicado. Enquanto ainda está em boas condições, venda, doe ou "miniaturize" o vestido — transforme-o num vestido de coquetel ou use o tecido numa bolsa ou na almofada de alianças do casamento da sua filha.

COISAS DOS FILHOS

A esta altura, você pode ter se tornado um organizador profissional — até dar de cara com desenhos que seu filho fez no jardim de infância. Seu coração derrete e sua determinação evapora. É parte do instinto paterno e materno guardar absolutamente tudo o que as crianças criaram, mas seus filhos ganham mais com um ambiente espaçoso do que com pilhas de lições de casa e desenhos velhos. Mesmo assim, como você pode se despedir dessa prova do talento deles?

Dê limites ao resgate! Em vez de guardar tudo, selecione os mais especiais. Se seu "bebê" já saiu de casa, as decisões são suas, mas, se ele ainda mora sob o seu teto, peça a ajuda dele. Assim, você poderá ver o que *ele* mais estima. Ao fim de cada ano letivo, ajude seu filho a escolher seus projetos e desenhos favoritos para guardar na caixa de lembranças. Se quiser, você pode digitalizar para a posteridade os que for descartar e passar os originais para avós e parentes.

Se estiver reduzindo seu ninho vazio, ofereça esses objetos aos seus filhos adultos. Se eles aceitarem, maravilha! Eles podem decidir sozinhos o que fazer com eles. Se recusarem, entenda o seguinte: se essas coisas têm pouca importância para eles, você não precisa ficar com elas também. Seu sucesso como pai é evidente nos homens e mulheres que eles se tornaram, não na lição de matemática que fizeram na terceira série. Em vez de rememorar o passado, faça parte da vida deles no presente e celebre suas realizações atuais em vez das antigas.

ARTESANATO FEITO POR VOCÊ

Hobbies são uma forma magnífica de darmos vazão à criatividade; às vezes, porém, nossa casa fica atulhada com nossas obras de "arte". Quando estamos aprendendo um tipo de artesanato, descobrimos que a prática leva à perfeição e fazemos todo o tipo de desenhos, pinturas, cachecóis, meias, vasos de cerâmica, origamis, cartões, velas, bijuterias, entre outras coisas, enquanto aprendemos a dominar as técnicas. O problema começa quando não conseguimos descartar essas coisas simplesmente porque *as fizemos*. Mas vamos ser realistas: em sua maioria, nossas tentativas não são obras de arte e não precisam ser preservadas. Guarde apenas as favoritas. Dê o restante para outra pessoa ou recicle os materiais em novos projetos.

Por outro lado, você pode receber a "arte" de outra pessoa, como as meias que sua irmã costurou ou a tigela que seu amigo fez na aula de cerâmica. Aceite o presente com educação e use-o algumas vezes na presença de quem lhe deu (mande uma foto se a pessoa não morar perto). Mas, se não for do seu gosto, não se sinta obrigado a guardá-lo para sempre — é melhor para ele que fique lá fora no mundo do que escondido dentro do seu armário. Não se sinta culpado, porque a pessoa que lhe presenteou poderia estar tentando esvaziar a bagunça *dela*. Quando receber esse tipo de presente, expresse gratidão, mas não exagere no entusiasmo — ou é provável que ganhe mais no futuro!

SUVENIRES

Basta visitar qualquer monumento ou ponto turístico famoso que você certamente verá por perto a onipresente loja de suvenires. E são grandes as chances de ela estar repleta de turistas. Por algum motivo, sentimos que não estivemos de verdade em algum lugar a não ser que levemos para casa uma réplica em miniatura ou uma caneca, uma camiseta ou uma sacola com a imagem do monumento estampada. Levar alguma prova da nossa visita parece perfeitamente natural quando fazemos turismo, mas só depois que chegamos em casa e tiramos da mala aquela miniatura da cabine telefônica londrina é que começamos a questionar nossa decisão. Tarde demais! Esse objeto é um símbolo da nossa viagem e ficaremos com ele para sempre.

Claro que isso não é verdade. Nossas experiências de viagem não têm *nada* a ver com bugigangas cafonas. Jogar fora o colar havaiano ou o peso de papel da torre Eiffel não irá apagar nossa lua de mel nem aquele fim de semana romântico em Paris. Suas memórias são muito mais valiosas do que bibelôs produzidos em massa; portanto, expulse a bagunça turística sem arrependimento. No futuro, resista ao impulso de celebrar suas viagens com objetos materiais; não se sinta obrigado a comprar canecas de cerveja na Alemanha, quimonos no Japão, matrioskas na Rússia ou chaveiros temáticos em lugar nenhum. Se precisar trazer alguma coisa para casa, traga algo pequeno: cartões-postais ou moedas estrangeiras servem de ampla "evidência" das viagens. Fotos digitais são ainda melhores, porque elas não ocupam nenhum espaço e funcionam como uma documentação magnífica da viagem. Dito isso, não deixe que a caça a lembrancinhas ou as fotografias distraiam você de vivenciar plenamente os lugares que visita. Suas lembranças são os melhores suvenires!

PARTE QUATRO
ESTILO DE VIDA

AGORA QUE ENXUGAMOS NOSSAS COISAS, vamos levar o minimalismo além. Vamos apresentar às nossas famílias o prazer de possuir menos e convidá-las a organizar conosco. Depois, vamos discutir como um estilo de vida mais simples ajuda o planeta, seus habitantes e as futuras gerações, dando-nos ainda mais incentivo para reduzir o consumo e viver de maneira leve.

29
Família livre de bagunça

E então você criou uma mentalidade minimalista, dominou os Dez Passos e organizou tudo com sucesso. Mas, enquanto comemora seu sucesso, seu olhar recai sobre os brinquedos do seu bebê, os sapatos do seu filho adolescente ou a pilha de trabalho do seu companheiro. Ops... Você se esforçou tanto para esvaziar sua própria bagunça, mas e quanto à de todos os outros?

Não se preocupe, você *pode* ter um estilo de vida minimalista em família (mesmo que ela seja grande!).

Sim, mais gente significa mais bagunça. E, para complicar o problema, quanto mais velhos são os familiares, menos controle você tem. Seu bebê não irá resmungar se você reduzir a quantidade de sapatinhos que ele tem, mas é preciso muito mais delicadeza para tirar da casa as pelúcias do seu filho de seis anos ou os eletrônicos antigos do seu marido.

Mas crie coragem: vocês podem se tornar uma família sem bagunça e o esforço vale a pena. Neste capítulo, ofereço um plano de ação que realmente funciona, seja sua família composta por duas ou dez pessoas. Essas técnicas simples servem de estrutura para organizar uma casa de vários membros — turbinando os Dez Passos e adaptando-os ao núcleo familiar.

Em seguida, vamos nos aprofundar nos detalhes para membros específicos da família: bebês e crianças pequenas, crianças mais velhas, adolescentes e marido ou esposa. (Fica a dica: a lista vai do menos para o mais difícil.) Cada família é diferente; portanto, sinta-se livre para ler apenas o que se aplica à sua — leia com atenção para se preparar para o futuro.

Depois de ler este capítulo, você descobrirá (talvez com um suspiro de alívio) que minimalismo e famílias não são mutuamente excludentes. Na realidade, o minimalismo não apenas combina com a família como também a reúne. Quando esvaziamos todo o excesso de coisas, podemos dedicar espaço, tempo e energia para as pessoas que amamos. Isso sim vale a pena!

Assim, coloquemos o nosso plano em ação. Vamos dar o exemplo, fazer um cronograma, estabelecer limites, determinar rotinas e montar uma Caixa de Saída. Isso é tudo que você precisa para aplicar o método dos Dez Passos em nível familiar. Não parece tão difícil, parece?

DÊ O EXEMPLO

Depois que você descobre as alegrias do minimalismo, pode ser difícil conter a emoção. Na verdade, você pensa: "Quem *não* gostaria de jogar fora 80% das coisas que não usa?". Mas o melhor modo de obter sucesso é demonstrar antes de falar. Apelar, implorar e insistir para que seus familiares façam a arrumação pode ter o efeito contrário e deixá-los mais decididos a ficar com as coisas deles.

Em vez de fazer uma campanha verbal, dê o exemplo. Permita que os espaços apaziguadores que você criou sejam a introdução de sua família a um estilo de vida mais simples. Pode não ser de imediato, mas, ao longo do tempo, seu parceiro irá notar que você está menos apressado e que nunca perde as chaves, seu filho adolescente perceberá que você não traz mais sacolas de compra do shopping e o pequeno irá observar que você passa menos tempo limpando e mais tempo brincando. E é então que você pode, sempre com um jeitinho, começar a guiar sua família na mesma direção.

Além disso, a experiência que você adquiriu ao organizar as suas coisas irá ajudá-lo a auxiliar a sua família. Só depois de ter sofrido com as *suas* coisas é que você será capaz de entender as questões que *eles* irão enfrentar; só quando tiver praticado os Dez Passos (várias e várias vezes) é que você poderá dar a eles as ferramentas de que irão precisar.

Por fim, ao livrar-se de suas próprias tralhas, as deles ficarão em destaque. Quando a mesa de jantar está coberta de papéis, material de artesanato, revistas e brinquedos, ninguém sabe o que é de quem. E se a *sua* bagunça camuflava a *deles*, talvez eles nem notassem que ela estava lá! Mas quando a sua sair, a deles não terá onde se esconder, e você pode agir para se livrar dela.

Após vencer a sua bagunça, é difícil aceitar que você simplesmente não consiga tomar as rédeas e fazer o mesmo por sua família. Mas resista à tentação de sair por aí com sacos de lixo gigantes quando estiver sozinho em casa. Se quiser que sua casa continue em ordem, os membros da família precisam ser parceiros no processo.

As crianças em particular aprendem muito ao observar e imitar os pais. Mostre para elas que a *sua* vida e a *sua* felicidade não giram em torno das coisas, e as deles também não. Não fique obcecado em comprar coisas, não passe os fins de semana no shopping e, aconteça o que acontecer, não encha os armários e as gavetas com pertences em excesso. Prefira as experiências às coisas. O tempo passado com a família, com a natureza e com a comunidade ao consumo. Um dos momentos de maior orgulho para esta mãe minimalista aconteceu quando minha filha de três anos declarou: "Não precisamos de muitos brinquedos. Só precisamos do sol".

Acima de tudo, tenha paciência. Os membros de sua família podem não atingir a iluminação tão rapidamente quanto você. Enquanto isso, *você* precisa ser a luz e irradiar as alegrias de um estilo de vida mais simples e iluminar o caminho à frente.

DEFINA UMA PROGRAMAÇÃO

Agora começa a parte interessante! Com alguma sorte, sua arrumação alegre não passou despercebida. Ela pode ter gerado algum comentário passageiro, curiosidade ou mesmo certa admiração. Seja o que for, está na hora de convidar sua família para participar. A maneira como você irá tratar do assunto depende totalmente do nível de interesse e de entusiasmo que eles demonstraram.

Para muitos, vale a pena começar aos poucos e seguir lentamente. Deixe que seu parceiro ou seus filhos se afeiçoem à ideia devagar enquanto você demonstra as vantagens inumeráveis de aliviar o peso. Envolva-os em pequenos projetos de arrumação para que eles deem os primeiros passos, como esvaziar o armário do corredor ou a gaveta de tralhas da cozinha. Comece com coisas fáceis que todos usam e em relação às quais eles tenham pouca afeição, para que desenvolvam a capacidade de desapego.

Outros acreditam que começar pegando pesado anima ainda mais os familiares. Esvaziar a garagem ou o porão aumenta o companheirismo, traz uma enorme sensação de realização e promove a confiança para arrumações futuras. Ela pode ser uma experiência poderosa de união familiar, uma oportunidade para rememorar lembranças passadas ao mesmo tempo que cria espaço para as novas.

Na verdade, a solidariedade, o apoio e a opinião dos entes queridos podem fazer muita diferença no processo de organização. Quando seu filho hesita em jogar fora o equipamento esportivo que não serve mais, a irmã pode lembrá-lo de que ele tem idade suficiente para praticar esportes "de verdade". Ou seus filhos podem dizer ao pai que preferem ouvi-lo tocar o "violão bom" àquele velho jogado na garagem.

Mas, independentemente de você começar aos poucos ou ir com tudo, o importante é a comunicação. Quando for o momento certo, faça uma reunião familiar — seja ela algo formal, com todos os filhos em volta da mesa, ou uma conversa íntima com o parceiro — e monte uma programação detalhada.

Primeiro, aborde exatamente *o que* você pretende realizar. "Vamos organizar" é muito vago. Mostre o quadro geral: se você quer esvaziar a área de jantar para que todos possam se reunir durante as refeições de toda noite, se deseja limpar o quarto da bagunça para transformá-lo num ateliê ou se pretende expulsar de casa 90% de suas coisas para que vocês possam morar num veleiro, avise-os. Para que eles embarquem, precisam saber qual é o objetivo em comum.

Em seguida, explique o *motivo* para eles. Explique que prefere que passem fins de semana fazendo trilhas juntos do que organizando a garagem. Explique que quer ter espaço para que eles brinquem sem tropeçar nas coisas. Explique que quer sair de casa mais calma e com mais rapidez de manhã, sem uma busca frenética de última hora pelas chaves do carro, a mochila ou os tênis da escola. Explique que quer ter menos tempo para as coisas e mais tempo para eles.

Finalmente, defina *como* fazê-lo. Vocês irão trabalhar num guarda-roupa de cada vez? Esvaziarão o sótão no fim de semana? Ou farão uma gincana de organização para ver qual membro da família consegue se livrar de mais coisas? Monte um plano e dê-lhes as ferramentas necessárias para o sucesso. Apresente os Dez Passos, explique para eles como recomeçar, decidir o que manter, encontrar um lugar para cada coisa, usar limites e módulos, reduzir as coisas e definir rotinas diárias para continuar livre dos acúmulos.

Agora você pode estar se perguntando se é preciso obter o consenso da família para *todos* os objetos descartados. Eu diria que não. Se o objeto em questão não é de uma pessoa específica e possui pouco valor (monetário, sentimental ou seja lá qual for), sinta-se livre para jogá-lo fora disfarçadamente. Se pedir a opinião de alguém para se livrar do excesso de Tupperwares ou do capacho desfiado, essa pessoa pode tentar defendê-los. Tome uma decisão administrativa, evite conflitos e deixe os membros de sua família livres para se concentrarem na organização das próprias coisas.

DEFINA FRONTEIRAS

Lembra-se de quando você compartilhava o quarto com o seu irmão e passou uma fita no chão dividindo-o ao meio para demarcar seu território? Bom, é isso o que faremos agora. Pode parecer bobo, mas é absolutamente fundamental para uma casa sem acúmulos.

O importante aqui é dar a *cada membro da família um espaço para as suas coisas*. Isso deve bastar para aliviar o pânico que eles podem sentir ao ouvirem a palavra "arrumação". Deixe claro para seus entes queridos que eles não precisam se livrar de tudo, mas apenas manter as *coisas deles* no *espaço deles*. Basicamente, trata-se da técnica dos limites numa escala maior, e torna todo mundo responsável por seus próprios pertences.

O espaço designado pode ser o quarto dos seus filhos ou um canto da sala de estar definido em comum acordo, o escritório do seu parceiro, o cômodo dos hobbies ou uma parte da garagem (use a fita se precisar!). Se você mora numa casa pequena ou com cômodos sem divisórias, pode ser que tenha de usar a criatividade, definindo prateleiras, armários e partes dos cômodos para os membros da família. O objetivo é manter a bagunça particular contida e o espaço comunitário vazio.

De início, uma limpeza rápida do espaço familiar pode levar a um empilhamento de bagunça nos espaços pessoais. Não há problema! Seu parceiro ou seus filhos precisam *ver* a bagunça deles para lidar com ela. Ela fica muito mais evidente quando está consolidada (e não espalhada pela casa). Claro, você não quer que o quarto do seu filho de dez anos pareça um episódio da série *Acumuladores* — essa é a deixa para você intervir e ajudá-lo a decidir o que guardar.

Na verdade, dê um salto e faça um pouco de Tralha, Tesouro ou Transferência durante o processo de consolidação das coisas. Sua filha pode não ver mal nenhum em deixar a antiga casa de bonecas dela na sala para todo o sempre, mas prefere jogá-la fora a mantê-la no quarto dela. Da mesma forma, seu parceiro pode guardar revistas de um ano atrás só porque é muito conveniente empilhá-las na mesa de jantar. Dê a eles a oportunidade de descartar o que não querem guardar.

O mais importante é se certificar de que todo mundo entenda que o espaço familiar é um espaço colaborativo. Em outras palavras, eles podem brincar, ler e fazer seus projetos de artesanato na sala de estar, mas, quando acabarem, devem levar os brinquedos, os livros e o material consigo (de preferência toda noite). Você pode ter de abrir exceções temporárias de vez em quando, como para o trabalho de ciências com prazo curto sobre a mesa de jantar. Mas defina um prazo para que ele não continue ali quando seu filho for para a faculdade. Lembre-se:

o objetivo de definir fronteiras não é restringir as atividades da família, mas criar espaço para elas!

DEFINA ROTINAS

Assim, se ("se" não, quando!) você tiver feito uma rodada bem-sucedida de organização familiar, relaxe um pouco e comemore. Diga a seu parceiro e seus filhos que eles fizeram um trabalho incrível e pare para admirar o espaço recém-descoberto (mesmo se for só um espaço a mais no armário de roupas de cama). Trate-o como uma vitória! Se a organização for divertida e positiva (em vez de uma tarefa tediosa), sua família ficará inclinada a fazer mais.

Agora, guarde a taça de champanhe por um momento, porque seu trabalho ainda não acabou. Não importa se fez uma limpeza gigante ou pequenininha, você vai precisar definir novas rotinas para evitar uma recaída da bagunça. Por favor, imploro que não pule este passo! Os sistemas tendem à entropia, e sua casa não é diferente: amanhã, sua filha irá trazer um saco de doces para sua festa de aniversário, seu parceiro comprará algo que estava em liquidação e seu filho irá deixar sua nova coleção de CDs de rock na mesa de centro. Não deixe que ataques cotidianos atrapalhem seu progresso de organização.

Esforce-se o máximo possível para não cuidar disso sozinho — essas rotinas devem envolver a família toda. A primeira a ser implementada é uma limpeza ao fim do dia. Escolha um período entre o jantar e a hora de dormir e faça todos se espalharem pela casa, reunirem seus objetos pessoais e devolvê-los para o seu espaço pessoal. Não importa se são apenas você e seu parceiro esvaziando a bancada da cozinha ou sua família de seis pessoas se dividindo pela casa: transforme isso tudo num esforço coletivo com começo e fim definidos. Sim, você pode se sentir como um general no início, mas com o tempo vai ficar mais fácil. E se a tarefa for diária (sem resmungos e lamentações), ela levará no máximo dez minutos.

A limpeza do fim do dia é uma maneira incrivelmente eficaz de manter a bagunça sob controle, pois pouca coisa consegue se empilhar em 24 horas. Melhor ainda, a dificuldade em fazê-la pode abrir os olhos de sua família para os problemas de possuir "mais". Mais coisas levam mais tempo e esforço para serem guardadas toda noite, ao passo que menos coisas deixam mais tempo livre para a diversão. A rotina irá obrigar os membros da família a se confrontarem com sua bagunça diariamente e poderá até desencorajá-los de trazer mais coisas para casa.

Há uma segunda rotina a ser introduzida: devolver tudo ao seu lugar logo depois do uso. As crianças podem e devem aprendê-lo o quanto antes. Se você acha que é impossível, observe uma sala de aula em uma escola do método Montessori algum dia: você verá crianças de dois anos de idade devolvendo objetos cuidadosamente aos lugares designados assim que acabam de usá-los. (Quando descobri que meu filho pequeno podia fazer isso na escola — imaginem a minha surpresa! —, impus as mesmas expectativas em casa.)

Por fim, nunca é cedo para estabelecer a rotina Entra-Um-Sai-Outro e acostumar seu filhote a doar um brinquedo antigo quando comprar um novo. Essa prática é especialmente eficaz contra o monte de presentes de aniversário e festas. Seguindo a mesma lógica, estimule seu adolescente a doar uma calça jeans ou um par de tênis antigos quando comprar novos. Se a despedida for muito triste, ele pode preferir deixar a compra para depois até que ela seja realmente necessária.

Infelizmente, a organização não é um acontecimento único que arruma magicamente a nossa vida para sempre, muito menos quando temos família. Mas se você ajudar seus entes queridos a adquirirem rotinas novas de cuidados com as coisas, a chance de que sua casa continue sem bagunça será muito maior.

PROVIDENCIE UMA CAIXA DE SAÍDA

Às vezes, sua casa parece uma grande Caixa de Entrada. Nela entram brinquedos, roupas, papéis, compras, presentes e aparelhinhos eletrônicos, entre outras coisas. Infelizmente, o caminho de volta para *fora* não é tão claro. Para facilitar a despedida, você precisa montar uma Caixa de Saída. As coisas entram com facilidade, por isso precisamos facilitar sua saída também.

Digamos que o ótimo exemplo que você deu tenha inspirado sua família para a organização. Vocês todos concordaram numa programação, definiram fronteiras e estão praticando as novas rotinas. Que fantástico... Até que seu filho adolescente entra no corredor tirando as meias esportivas, não faz ideia de onde pô-las e acaba jogando-as num canto do quarto para cuidar delas mais tarde. O impulso se perde, e o próximo item pode nunca sair do quarto dele.

Como você pode evitar essa falha na organização e o potencial que ela tem de estragar todo o seu trabalho duro? *Facilite para que sua família jogue as coisas fora.* Não jogue no estilo "guarde para o próximo 'família vende tudo'", mas sim no estilo "colocar nessa Caixa de Saída é mais fácil do que arranjar um lugar para guardar". Não, não estou sugerindo que você se aproveite da preguiça de seus familiares para promover seus objetivos minimalistas, mas, às vezes, reduzir a resistência do trabalho de organização é recompensador.

Portanto, vamos falar do que é a tal Caixa de Saída. Ela precisa ser grande (para que caiba tudo nela), chamativa (para que não passe despercebida) e deve ficar num lugar de fácil acesso. É claro que o tamanho dela irá variar de acordo com a família e o volume dos eventuais descartes. Aposte na generosidade de seus familiares; assim a pessoa que estiver jogando um cobertor velho ou uma caixa de som quebrada não perderá o ânimo ao se deparar com uma caixa de tamanho reduzido. E, quando digo "chamativa", estou falando de um recipiente que se destaque. Cubra uma caixa de papelão comum com papel Contact colorido para que não exista dúvida sobre a função dela. Um tom alegre fará com que os participantes vejam o processo de forma positiva.

E, finalmente, localização, localização, localização: esse é o principal fator de sucesso de uma Caixa de Saída. Se ela for deixada num canto no fundo da despensa ou fora de casa, na garagem, sua família pode achar que os descartes não valem a caminhada. Em vez disso, coloque-a num ponto central que seja fácil para todo mundo, como ao lado da porta de entrada, do aparador ou mesmo na lavanderia. Melhor ainda, coloque-a a alguns passos de onde acha (ou espera) que sairá a maior parte dos acúmulos, como no corredor, perto do quarto dos seus filhos ou no escritório do seu parceiro.

Como chefe da organização, caberá a você monitorar a caixa (mas é um pequeno preço a se pagar pelo potencial de escoamento). Pense nisso como uma reciclagem de fluxo único: ofereça à sua família a facilidade de jogar tudo lá dentro, mas aceite que terá de separar as coisas no fim.

Por quê? Porque seu filho de doze anos pode querer jogar fora as roupas sociais dele, sua filha adolescente pode tentar se desfazer do violino dela ou um irmão malvado pode dar um fim no ursinho de pelúcia favorito da irmã. (Estamos supondo que seu parceiro não esteja planejando nenhuma pegadinha!) Você tem de garantir que todos os descartes sejam intencionais e que os mais valiosos sejam eliminados da maneira adequada (isto é, vendidos ou doados). Reveja a Caixa de Saída uma vez por semana, por mês ou por estação do ano, dependendo da rapidez com que ela fica cheia, mas, acima de tudo, garanta que sempre haja espaço para mais coisas!

Agora que temos um plano geral para todas as famílias, vamos montar um mais específico para a *sua*. Dos bebês às caras-metades, esta seção oferece dicas detalhadas de organização para cada membro da família.

BEBÊS

Se você contar ao seu bebê sobre os seus planos de organização, ele vai sorrir, babar e achar que é a melhor ideia que já ouviu na vida!

E não é só para derreter o seu coração: ele embarcou de verdade em sua programação minimalista. O bebê não está nem aí para os móveis do quarto, a decoração temática, as roupas de cama de marca, as toalhas de banho fofinhas, os lenços com perfume suave, as roupinhas extravagantes, o móbile musical ou os outros itens obrigatórios nos chás de bebê. Tudo o que ele quer são seus braços carinhosos, um sorriso em seu rosto e sua dedicação total.

Durante a maior parte do tempo, os apetrechos de bebê servem mais para os pais (ou futuros pais) do que para ele. São vendidos com a promessa de tornarem a vida (que acabou de ser virada de cabeça para baixo) mais fácil, mais conveniente ou mais bonita. E você, que está ansioso e/ ou desorientado e vivendo à base de três horas de sono por noite, aos poucos vai se despedindo do seu dinheiro. (Sim, estou falando por experiência própria.)

Eis o meu conselho: se o seu bebê ainda não chegou, adquira apenas as necessidades mais básicas antes do nascimento. Espere até que esteja com a mão na massa para ver do que você *realmente* precisa. Prometo que as lojas de bebê não vão fechar as portas no dia do parto e que os varejistas on-line continuarão oferecendo a modalidade de frete em dois dias. Então relaxe sabendo que poderá adquirir o necessário quando precisar. Peça vales-presente em vez dos presentes em si, porque eles são muito mais úteis a longo prazo.

Se o quarto do seu recém-nascido já está cheio de tudo o que ele vai precisar até o jardim de infância, Recomece. Não transforme o quarto do bebê numa área de armazenamento. Retire tudo e traga de volta apenas as coisas que usa regularmente. Vocês dois terão muito mais a ganhar com um quarto que seja relaxante, apaziguador e espaçoso.

Do que você realmente precisa no primeiro ano do seu filho? *O seu bebê é quem vai lhe dizer.* (O meu, por exemplo, me contou que odiava ser enrolado — depois que eu tinha estocado meia dúzia de cobertores de enrolar.)

Eu sei que essa não é exatamente a resposta que você queria (é muito mais reconfortante ter uma lista), mas cada bebê é diferente. Pensando bem, eu poderia ter sobrevivido com uma cadeirinha de carro, um berço, um *sling* e roupas, mas eu tinha mais do que isso (e você também terá). Nao se odeie se cometer erros. Um episódio desesperador e imprudente que aconteceu comigo foi quando minha filha foi lançada de uma cadeira de balanço para bebês — ela odiava aquele objeto do fundo do coração. Transforme tudo em aprendizado, doe ou venda o item que causou problema e siga em frente. Tenha em mente que, para seu bebê, espaço é melhor do que coisas.

E, se você ainda não o fez, a primeira infância é o momento ideal para reduzir seus pertences. Quando seu bebê começar a engatinhar, a dar os primeiros passos e a se locomover sozinho, você perceberá que desentulhar a casa é melhor do que adaptar as coisas para ele. Quanto menos móveis para trombar, coisas para tropeçar e quinquilharias para derrubar, menos machucados ele terá — e mais paz de espírito você ganhará.

CRIANÇAS DE UM A CINCO ANOS

As coisas ficam um pouco mais complicadas a partir do primeiro ano de vida. Embora você pense que tem carta branca sobre a bagunça do seu filho, ele está desenvolvendo um desejo por controle e posse (dizem que "não" e "meu" são as palavras favoritas de crianças pequenas).

Aprendi isso do modo mais difícil. Eu vinha expulsando todas as coisas com que minha filha não brincava mais havia meses, imaginando que ela não se importaria ou notaria. Mas, em torno dos dois anos de idade, ela desenvolveu um sexto sentido para tudo que havia sumido (mesmo se fizesse um ano que ela não encostasse naquilo).

"Lembra do meu anel de bebê? Eu quero o meu anel de bebê", ela pediu, bem no dia em que doei aqueles anéis pequenininhos e abandonados para uma instituição de caridade. E na tarde em que dei para a sua prima mais nova os livros infantis que ela já não abria mais, minha filha perguntou: "Cadê o *Cores de bebê*? Eu quero ler o *Cores de bebê*". Três dias depois, quando o pedido cresceu para um berreiro completo por causa do livro perdido, dei uma corridinha discreta até a livraria para comprar outro (não é um dos momentos de que mais me orgulho).

Este pode não ser o conselho mais minimalista, mas recomendo ter uma "sala de espera" para os desapegos dos filhos pequenos — em outras palavras, um lugar em que as coisas deles possam ficar por mais alguns meses antes de saírem de casa. Assim, quando seu filhote notar o que desapareceu e decidir que não consegue viver sem aquilo por nem mais um minuto (e começar a chorar, a berrar e a rolar no chão), você poderá buscar o pertence em questão sem a indignidade de ter de comprá-lo uma segunda vez.

Em algum momento entre os dois e os cinco anos de idade, as crianças desenvolvem uma noção suficiente de posse para entender que nem tudo é "meu" e que as coisas podem ser compartilhadas (temporária ou permanentemente) com outras crianças. Minha filha não vê problemas em ceder um brinquedo se ela souber para onde ele está indo — seja para seu priminho em outro estado, seja para uma "menininha que não tem muitos brinquedos" —, desde que ela saiba que ele não vai desaparecer de vez.

Na verdade, as crianças dessa idade podem ter muita vontade e orgulho de passar adiante suas coisas de "bebê". Aproveite o entusiasmo para cultivar o amor pela organização! Por outro lado, se seu pequenino tiver dificuldade para dizer adeus, não deixe tudo nas mãos dele: retire em silêncio objetos pouco importantes e faça uso generoso de sua sala de espera.

A fase entre um e cinco anos é o momento ideal para ensinar "Um lugar para cada coisa e cada coisa em seu lugar". É preciso um pouco mais de esforço da sua parte: em vez de jogar todas as coisas deles numa caixa de brinquedos, arrume-as em prateleiras onde elas sejam fáceis de pegar (e de devolver). Se necessário, cole imagens do brinquedo no lugar em que ele deve ficar — e toda vez que seu filho brincar com um, ajude-o a devolvê-lo antes de escolher outro.

Use Módulos (caixas e cestos) para guardar brinquedos com muitas partes (como blocos de montar e Lego). A dica serve aqui também: cole uma foto no recipiente se necessário. Essa estratégia não apenas ajuda as crianças a arrumarem como também as auxilia no desenvolvimento de habilidades como categorizar e separar. Então pronto — apresentar seu filho ao método dos Dez Passos logo no começo da vida o deixará ainda mais esperto!

CRIANÇAS DE SEIS A DOZE ANOS

A organização assume uma dimensão inteiramente nova com crianças mais velhas. Elas agora podem participar de todo o processo e até fazer cortes por conta própria (mesmo assim, eu ainda daria uma monitorada na Caixa de Saída). Que a diversão tenha início!

Enquanto seu filho pequeno estava apenas começando a entender o processo de Tralha, Tesouro ou Transferência, os mais velhos estão prontos para colocá-lo em prática. Crianças dessa idade adoram tomar decisões. Elas conseguem discernir claramente o que deve ir para o lixo, o que querem guardar e o que não querem, mas que outra pessoa pode querer. Baseadas nisso, elas também estão desenvolvendo a noção de empatia e de caridade, e muitas vezes ficam ansiosas para doar seus descartes a crianças menos privilegiadas, o que é comovente.

Além disso, crianças mais velhas conseguem formular e articular um Motivo para ficar com um item: eu gosto de dormir com ele, ele me faz feliz, minha avó me deu, faz um barulho de sirene engraçado (não falei que seria um bom motivo!). Elas também conseguem formular Motivos para não ficar com ele: está quebrado, não serve mais, sou velho demais para isso. Converse com elas durante o processo; elas vão adorar conversar sobre suas coisas.

Elas também estão mais bem preparadas para manter tudo em seu lugar. Enquanto os pequenos precisam de muita assistência, as crianças em idade escolar conseguem guardar tudo sozinhas. Melhor ainda: na busca por independência, elas podem gostar de uma responsabilidade nova e se orgulham de um trabalho bem-feito.

Crianças mais velhas podem montar seus próprios Módulos e até se divertir dividindo as coisas em coleções. A sua parte é garantir que elas tenham os recipientes apropriados e introduzir Limites — diga que elas podem ficar com todos os carrinhos (ou bonecos ou material de arte) que couberem na caixa escolhida. É muito provável que elas se divirtam escolhendo e organizando os favoritos. Elas também têm idade suficiente para entender a regra Entra-Um-Sai-Outro — para caber um brinquedo novo na caixa, um antigo precisa sair.

190

Nessa idade, as rotinas de Manutenção Diária entram com tudo. Ajude seu filho a criar o hábito de arrumar o quarto toda noite, porque isso impedirá que a bagunça (e os acúmulos) saia do controle e driblará a batalha inevitável quando o trabalho se tornar excessivo. Além disso, ajudará seu filho a ver a importância de se ter menos.

ADOLESCENTES

Primeiro a boa notícia: seu filho adolescente é perfeitamente capaz de pôr em prática o método dos Dez Passos por conta própria. Depois que você lhe apresentar as técnicas, não precisa se envolver na prática da organização. Sua principal função nessa idade é dar orientações e motivação.

Agora a notícia ruim: como motivar seus filhos adolescentes a reduzirem suas posses? Eles não têm exatamente a disposição de agradar os pais. E aí está o segredo do sucesso: eles precisam acreditar que estão fazendo isso por eles, não por você.

Meu conselho, portanto, é ir com tudo no primeiro dos Dez Passos: Recomeçar. Estimule seu filho adolescente a tirar tudo o que estiver no espaço dele e a devolver apenas os favoritos e os essenciais. Como criar esse entusiasmo? Chame isso de "Transformação do Quarto".

A melhor maneira de envolver os adolescentes é apelar ao sentimento de "quase adultos". Faltam poucos anos para que deixem o ninho e eles já devem fantasiar sobre seu futuro estilo de vida. A esperança é que a oportunidade de criar um espaço próprio mais adulto os inspire a expulsar seus acúmulos da infância. É melhor começar agora do que no dia em que eles forem para a faculdade!

Lembre-se, porém, de colocar o *seu* sentimentalismo de lado para não atrapalhar o caminho deles. Se seu filho adolescente quiser jogar fora a coleção de figurinhas de futebol, os anuários do primário ou os presentes dados pela avó, deixe que ele o faça. Se sua filha quiser se livrar da cama de dossel e da cômoda, idem. Se ela quiser se livrar da coleção de bonecas que você completou com muito sofrimento (e dinheiro) para ela, que assim seja.

O objetivo da transformação não é deixar que seu filho reforme o quarto, longe disso! Na verdade, ela deve gerar pouca ou nenhuma despesa. A única concessão que eu estimularia é a pintura do quarto com outra cor, por causa do valor dramático que isso confere à transformação. Não se trata de um exercício para se comprar coisas novas, mas sim de decorar o espaço deles apenas com suas coisas favoritas. Para tanto, ajude-os a aplicar os Dez Passos a fim de decidir o que manter, onde manter e como manter o novo espaço sem acúmulos.

Quando você dá ao filho adolescente permissão para descartar tudo o que o coração dele manda, pode se surpreender com o minimalista que surgirá. Num mundo em que são bombardeados pelo marketing, pela publicidade e pela pressão dos colegas para possuir mais, os adolescentes podem não ter a menor noção de que é aceitável querer menos. Já recebi inúmeros e-mails de adolescentes ao longo dos anos com agradecimentos pelas informações e pelo apoio oferecidos em meu blog. Alguns ficaram animados em descobrir o minimalismo; outros, aliviados por existir uma alternativa à vida adulta de trabalho e gastos; e houve ainda os que ficaram simplesmente loucos para criar seu próprio oásis de espaço em uma casa bagunçada.

Só porque seu filho adolescente tem um quarto bagunçado ou compra demais não significa que ele nunca será um minimalista; talvez esse seja a único comportamento que ele conhece. Apresente-lhe um estilo de vida mais simples — e o fato de que ele vai contra o status quo pode muito bem atrair o lado rebelde dele. Mas, mesmo que ele não o escute enquanto morar sob o seu teto, você terá lhe dado um presente maravilhoso. Ao percorrer seu caminho no mundo, ele levará consigo um exemplo poderoso de que menos é mais.

MARIDO OU MULHER

Finalmente, vamos conversar sobre como fazer seu parceiro entrar no clima da organização.

Se você vai dividir a casa com o namorado (ou planeja fazer isso em breve), essa é a oportunidade perfeita para Recomeçar. Não comecem uma vida juntos com dois itens de cada — faça do corte dos repetidos uma prioridade antes da mudança. Pode ser difícil decidir a torradeira, o aspirador de pó ou o sofá que é "melhor" — e, como o minimalista da relação, você pode ter de fazer mais concessões. Porém, promover uma redução antes de juntar as escovas de dente pode tornar a transição muito mais tranquila.

Se vocês já moram juntos há algum tempo, pode existir um desafio maior à sua frente: mudar rotinas e hábitos estabelecidos. Mas nunca tema, porque isso é possível! Você pode ter a sorte de possuir um companheiro que aceite a ideia de peito aberto. Talvez ele próprio se sentisse um pouco desconfortável com o excesso de coisas na casa ou já viesse fazendo insinuações para que *você* reduzisse as suas. Se for esse o caso, agradeça aos céus e façam uma arrumação de arromba juntos. Mas, mesmo se a princípio seu companheiro ficar indignado com a ideia, não se desespere. Um pouquinho de delicadeza e muita paciência podem transformar um acumulador num aliado da organização.

Porém vamos começar do começo: não toque nas coisas dele! Sei que é tentador, mas *não expulse os pertences do seu companheiro sem seu conhecimento ou sua permissão*, mesmo que você ache que ele não notaria. No seu entusiasmo, você pode pensar que é gentil e atencioso fazer todo o trabalho sujo sozinho — mas saiba que não existe maneira mais rápida de deixar a pessoa desconfiada e na defensiva, acabando com quaisquer chances de sucesso. Portanto, respire fundo e se prepare para uma campanha lenta, contínua e sutil.

É como cultivar uma flor — você precisa plantar a semente, fertilizá-la e banhá-la de sol —, mas, no fim, ela só cresce e brota segundo a própria vontade.

Vamos começar com algumas formas de plantar a semente da organização:

- Como falamos antes, dê o exemplo. De fato, não há nada mais favorável ao minimalismo do que uma demonstração alegre dele — como um guarda-roupa enxuto, uma linda bancada vazia ou uma gaveta da cozinha arrumada com capricho, contendo apenas o essencial.

- Deixe este livro num lugar visível. Pessoas relutantes à organização podem ficar mais receptivas à ideia se ela partir de um terceiro. Outra opção é enviar por e-mail artigos que possam gerar interesse: sobre uma família que saiu do vermelho através da arrumação ou um executivo que se livrou das posses para seguir uma nova carreira.

- Fale casualmente sobre os *seus* esforços de organização. Não abra a conversa com um "Você tem coisas demais", porque isso vai deixá-lo na defensiva. Apenas explique que *você* está tentando reduzir o *seu* guarda-roupa ou o *seu* material de artesanato, como falaria sobre um hobby novo. É uma ótima maneira de apresentar os Dez Passos num contexto de informação (e não de instrução).

Depois que a semente for plantada, chega a hora de fertilizá-la com os nutrientes necessários. Não dá para fazer com que uma planta cresça ficando de pé a seu lado e gritando com ela — ou, pior ainda, tentando puxá-la para fora da terra. Pelo mesmo princípio, não é possível simplesmente obrigar alguém a fazer algo: você precisa fazer com que a pessoa *queira* fazê-lo. Assim, por exemplo:

- Pense no que motiva seu parceiro. Ponha-se no lugar dele e imagine que aspecto do minimalismo o interessaria mais. Vender coisas para financiar uma viagem? Gastar menos com manutenção e mais com os filhos? Cortar o consumo para se aposentar mais cedo? Destaque as vantagens e faça com que elas sejam sobre *o que ele quer*, não o que você quer.

- Facilite. Primeiro, entrem em acordo sobre as áreas em que cada um pode manter as suas coisas pessoais e as áreas que devem permanecer livres de bagunça. Depois, comece com o descarte dos objetos triviais que pertencem aos dois, como artigos de banho, excesso de talheres ou material de escritório, como canetas e clipes.

- Desenvolva o companheirismo. Lembre-se: você não está no comando aqui; trata-se de um trabalho em equipe. Peça a opinião de seu parceiro ao longo de todo o processo. Em vez de declarar que tudo o que está na garagem deve ir para a rua, pergunte: "Qual você acha que é a melhor maneira de criar espaço aqui?". Ninguém gosta de receber ordens. Ele se entusiasmará mais com o processo se sentir que também está no controle. Além disso, um objetivo em comum dá mais motivação e vontade.

Com sorte, seus nutrientes produziram uma linda mudinha. Agora você pode e deve levá-la para a luz!

- Elogie-o, elogie-o e elogie-o mais um pouco. As pessoas adoram ouvir que estão fazendo um bom trabalho e costumam repetir comportamentos que lhes deram retornos positivos. Por outro lado, se você criticá-lo, certamente irá pôr um fim à sua evolução. Por isso, ainda que ele tenha apenas expulsado algumas camisetas velhas, não diga: "Só isso?!". Diga que ele tem talento para a organização e que é maravilhoso ver um espaço a mais no seu guarda-roupa. Quando acreditamos que somos bons em algo, queremos continuar progredindo.

- Irradie energia positiva. Mantenha uma atitude solar constante, mesmo quando o caminho ficar difícil. Não menospreze seu parceiro se ele acha difícil abandonar x, y ou z. Seja compreensivo e ensine algumas técnicas que ajudaram você em momentos problemáticos. Evite discussões, continue a ressaltar as vantagens e faça uma pausa se a situação ficar muito espinhosa.

- Crie um efeito estufa do bem. Em outras palavras, dê à mudinha as condições de crescimento ideais e proteja-a de tudo o que for prejudicial. Se seu companheiro estiver se dirigindo ao shopping, sugira em vez disso um passeio juntos no parque. Se ele estiver folheando um catálogo, distraia-o com uma conversa. Se estiver entrando num site de compras, vista uma roupa provocante. Você captou a ideia: transforme os momentos de consumo em momentos do casal e mantenha os acúmulos longe de casa.

Acima de tudo, lembre-se de ter paciência. A bagunça não se acumula da noite para o dia e não vai embora tão rápido também (a sua foi?). Além disso, mudar hábitos antigos e internalizar novas formas de pensamento leva tempo.

Obrigar seu parceiro a fazer uma organização rápida é como forçar uma planta a dar flores: é claro que você pode obter gratificação instantânea, mas vai durar pouco. No entanto, se você der à ideia um tempo adequado para crescer e a chance de criar raízes, as sementes da simplicidade podem brotar, dando origem a um novo e maravilhoso estilo de vida.

30
O bem maior

Algo maravilhoso acontece quando nos tornamos minimalistas: nossos esforços têm como consequência mudanças positivas no mundo. Toda vez que decidimos não fazer uma compra fútil, que nos viramos com algo que já possuíamos ou que pegamos alguma coisa emprestada com um amigo em vez de comprá-la, é como se déssemos um pequeno presente para o planeta. O ar vai ser um pouco mais limpo; a água, um pouco mais pura; as florestas, um pouco mais cheias; e os aterros, um pouco mais vazios. Inicialmente pode até ser que tenhamos adotado o minimalismo para economizar dinheiro, tempo ou espaço em casa, mas nossas ações têm benefícios muito maiores: elas salvam a Terra de danos ambientais e salvam as pessoas de condições de trabalho injustas. Nada mal para quem só queria ter um guarda-roupa mais arrumadinho, hein?

SEJA MENOS CONSUMISTA

Publicitários, empresas e políticos gostam de nos definir como consumidores. Ao nos estimularem a comprar o máximo possível, eles conseguem encher os bolsos, aumentar seus lucros e se reeleger. Aonde isso nos leva? Ao trabalho duro para pagar por coisas de que não precisamos, às horas extras para comprar objetos que ficarão obsoletos ou sairão de moda em questão de meses e ao sofrimento para pagar contas de cartão de crédito de coisas que se acumulam em nossa casa. Hummm, talvez algo esteja errado...

Mas aqui vai uma notícia maravilhosa: a vida minimalista é libertadora! Ela nos liberta do ciclo de "trabalhar e gastar", possibilitando que criemos uma existência que tenha pouca relação com lojas, itens obrigatórios ou encargos financeiros. Em vez de trabalharmos árdua e continuamente como consumidores, podemos passar a consumir menos: reduzindo o consumo ao que atende às nossas necessidades, reduzindo o impacto do consumo no meio ambiente e reduzindo o efeito do consumo na vida de outras pessoas.

Consumir menos não significa que nunca mais vamos pôr os pés numa loja novamente. Não sei você, mas eu não fico muito confortável roubando ou revirando lixeiras atrás das coisas de que preciso, e definitivamente não espero obter nada de graça. Gosto da facilidade com que podemos suprir necessidades básicas e do fato de que (ao contrário de nossos ancestrais) não precisamos dedicar nossos dias à busca por alimento, roupa e abrigo. No entanto, acredito que depois que essas necessidades são atendidas, o consumo pode ir para segundo plano. A partir do momento em que estamos aquecidos, seguros e alimentados, não devemos nos sentir compelidos a passear no shopping ou a entrar na internet para encontrar *mais* coisas para comprar. Em vez disso, podemos dedicar tempo e energia a outras atividades mais gratificantes, como as de caráter espiritual, cívico, filosófico, artístico ou cultural.

Assim, o que precisamos fazer para consumir menos? Não muito, na verdade. Não precisamos protestar, boicotar ou fechar as portas de lojas de departamento; na realidade, não precisamos nem levantar um dedo, sair de casa ou gastar um minuto a mais do nosso precioso tempo. Trata-se apenas de uma questão de *não comprar*. Sempre que ignoramos comerciais na televisão, deixamos compras impulsivas de lado, pegamos livros emprestados da biblioteca, consertamos as roupas em vez de substituí-las ou resistimos à compra do aparelho eletrônico mais moderno, nos dedicamos a pequenos atos de "desobediência de consumo". Quando simplesmente *não compramos*, estamos fazendo o bem: evitamos práticas de trabalho exploradoras e salvamos os recursos do planeta. É uma das maneiras mais fáceis e eficazes de salvar a Terra e melhorar a vida de seus habitantes.

REDUZA

Todos conhecemos a expressão "Reduzir, Reutilizar, Reciclar". Dos três Rs, Reciclar é o mais famoso e estrela campanhas ambientais e programas comunitários. Quando decidimos ser "ecológicos", esse costuma ser o ponto focal de nossos esforços. Reduzir, porém, é o herói não celebrado dessa trindade, porque quanto menos compramos, menos precisamos reciclar! Reduzir evita perfeitamente o processo intensivo de recursos, trabalho e energia, e, por isso, é a base da filosofia do pouco consumo.

Todo produto que compramos atravessa três etapas importantes em seu ciclo de vida: produção, distribuição e descarte. Na fase de produção, recursos naturais e energia são utilizados para produzir determinado objeto. Em alguns casos, substâncias químicas nocivas são liberadas no ar e na água como subproduto. Na fase de distribuição, a energia (normalmente na forma de petróleo para caminhões, navios e aviões) é usada para transportar o objeto da fábrica para a loja, o que muitas vezes representa uma viagem por meio mundo. Na fase de descarte, o objeto tem potencial para encher aterros e liberar toxinas no ambiente à medida que se desintegra.

Com a reciclagem, tentamos realizar uma "redução de danos", evitando os problemas do descarte e reutilizando material para fazer novos produtos. Reduzir, por outro lado, elimina toda essa cadeia problemática. Cada objeto que deixamos de comprar é algo a menos a ser produzido, distribuído e descartado. É melhor jamais ter possuído um objeto do que ter de se preocupar com o modo como ele foi feito, como chegou aqui e como nos livraremos dele depois.

A melhor forma de reduzir é adquirir apenas o estritamente necessário. Em vez de comprar de maneira descuidada, devemos *pensar* sobre cada aquisição — seja de roupas, móveis, eletrônicos, decoração ou mesmo alimentos. Por exemplo, estou comprando determinada coisa por uma necessidade real ou porque a vi num anúncio, na casa de um amigo ou porque está bonita na vitrine? Devemos parar para reconsiderar se conseguimos nos virar sem ela. Na verdade, considere uma fila no caixa como uma bênção disfarçada, uma vez que ela lhe dá tempo de sobra para avaliar o que está no carrinho de compras. Já saí andando de muitos caixas depois de parar para refletir sobre o potencial das minhas compras.

São inúmeras as técnicas que você pode usar para reduzir o consumo. Aproveite o desafio de atender às suas necessidades de maneiras alternativas e desenvolva uma solução criativa em vez de correr até a loja. Pode ser tão fácil quanto pegar uma ferramenta emprestada do vizinho ou tão criativo quanto criar seu próprio sistema de irrigação a partir do material que você tem à disposição. Além disso, dê preferência a objetos multifuncionais. Uma simples solução de água e vinagre pode eliminar a necessidade de se ter uma variedade de produtos de limpeza comerciais, e roupas versáteis podem se adaptar a ocasiões mais ou menos formais. Por fim, não substitua algo que funciona apenas porque deseja algo novo. Tenha orgulho de manter seu carro antigo funcionando ou de fazer com que o casaco de lã dure mais alguns anos.

REUTILIZE

O segundo R também é vital para sermos menos consumistas. Quanto maior o tempo pelo qual conseguimos manter determinado objeto funcionando, melhor — especialmente se isso nos impede de comprar algo novo. Como os recursos naturais já foram empregados em sua produção e distribuição, temos a responsabilidade de fazer o maior uso possível dele.

Assim como reduzir, reutilizar é preferível a reciclar. Enquanto a reciclagem demanda mais energia para fazer algo novo, reutilizar não exige nada. Nós simplesmente adaptamos o produto, em sua forma original, para atender a diferentes necessidades. Minha heroína da reutilização é Scarlett O'Hara: se ela conseguia criar um vestido maravilhoso com cortinas velhas, certamente conseguimos fazer vasos de planta com copos de iogurte e retalhos de camisetas furadas. Nem precisamos ser *tão* criativos. Temos oportunidades de sobra para reutilizar coisas regularmente, como embalagens (caixas, plástico bolha, isopor), papéis de presente, fitas e laços. Por isso, antes de jogar um jarro de vidro, um cartão de Natal ou uma embalagem de comida na lata de reciclagem, pense se você poderia reutilizá-lo em outra coisa de que precisa.

É claro que, como minimalistas, não devemos encher nossas gavetas e armários com coisas que talvez nunca usemos. Assim, se você *não* precisa de determinada coisa, doe-a a alguém que fará melhor uso dela. Agir de acordo com o segundo R não significa necessariamente que é *você* quem precisa reutilizar um item — para o bem do planeta, basta que ele seja reutilizado, não importa por quem. Por isso, venda ou doe aquilo que não usa mais. Pergunte a amigos, família e colegas se eles gostariam de receber os seus desapegos. Ofereça suas posses em excesso para escolas, igrejas, abrigos ou casas de repouso. Encontrar um novo lar para um item pode ser um pouco mais trabalhoso do que simplesmente colocá-lo na sarjeta, mas esse ato faz com que objetos em perfeito estado fiquem em circulação por mais tempo, evitando que a pessoa que o recebeu tenha de comprar um novo.

De acordo com o mesmo princípio, considere reutilizar as coisas de outras pessoas para as *suas* necessidades. Suponha que você foi convidado para um casamento e não tem um traje apropriado. Antes de sair correndo para o shopping, tente encontrar algo que já teve dono: dê uma olhada nos brechós e bazares da região e pesquise classificados on-line. Se não der certo, invada os armários de amigos e parentes ou utilize um serviço de aluguel. Faça o mesmo com ferramentas, móveis, eletrônicos e quase tudo em que conseguir pensar. Considere o mercado de usados como sua fonte principal e só compre no varejo como último recurso. Você vai evitar pressionar ainda mais o meio ambiente sobrecarregado, impedindo que algo útil vá para o lixo.

RECICLE

Nosso maior objetivo ao consumir menos é viver de maneira leve na Terra. Nossa primeira estratégia é Reduzir o consumo ao mínimo; a segunda, Reutilizar tudo o que pudermos. No entanto, mesmo assim às vezes acabamos com objetos que não são mais úteis, e, nesses casos, devemos fazer todo o esforço possível para Reciclá-los.

Felizmente, a reciclagem se tornou bem mais fácil nos últimos anos. Muitas comunidades administram programas de reciclagem recolhendo vidro, papel, metal e alguns plásticos. Outras mantêm estações para materiais recicláveis. Se esses recursos estiverem disponíveis, aproveite-os. Queremos minimizar não apenas o lixo em nossas casas, mas também no meio ambiente.

Aliás, não limite os esforços de reciclagem aos vilões habituais — investigue perspectivas para outros objetos também. Alguns fabricantes de eletrônicos oferecem serviços de "devolução" para computadores, monitores, acessórios, impressoras, aparelhos de fax, celulares e gadgets. Quando substituí meu laptop, fiquei feliz de poder mandar o antigo de volta ao fabricante. Olhe ao seu redor e você irá encontrar programas de reciclagem de óculos, sapatos, móveis, baterias, cartuchos de tinta, roupa, carpetes, colchões, lâmpadas e muito mais. Antes de jogar *qualquer coisa* no lixo, separe um tempo para pesquisar opções de reciclagem. Você pode se surpreender com as possibilidades.

Podemos reciclar no próprio quintal. Em vez de ensacar folhas, gravetos, ervas daninhas, galhos e outros resíduos do jardim para que o caminhão de lixo os leve, comece a erguer uma pilha de adubo. Acrescente restos de cozinha — como resíduos orgânicos, borra de café, sachês de chá e cascas de ovo — ao monte. Quando tudo se decompuser, você terá uma maravilhosa substância orgânica para enriquecer o solo do jardim. Consulte um livro de jardinagem para uma lista completa de opções de resíduos e aprenda como fazer camadas e misturas de material. A compostagem é duplamente boa para o meio ambiente: mantém o lixo longe do aterro e elimina a necessidade de adquirirmos fertilizante comercial ensacado.

Embora a reciclagem aconteça no final do ciclo de vida do produto, pense nela desde o princípio. Quando for às compras, prefira produtos que possam ser reciclados aos que não podem; eles costumam ser marcados pelo símbolo universal de reciclagem. Plásticos diferentes são identificados pelo número dentro do símbolo, portanto garanta que aquele tipo específico é reciclável onde você vive. Se não for, considere uma alternativa mais ecológica. Do mesmo modo, evite a compra de materiais prejudiciais e tóxicos (como tintas, removedores e pesticidas). O descarte inapropriado desses itens é nocivo ao ambiente e você terá de deixá-los em um ponto de coleta especial para se livrar deles. Escolha o caminho simples e busque produtos não tóxicos para atender às necessidades do seu lar.

CONSIDERE A VIDA ÚTIL

Para sermos menos consumistas, temos de comprar o mínimo possível; portanto, queremos que as coisas que compramos durem um longo tempo. Devemos considerar a vida útil de um objeto ao tomar a decisão sobre a compra. Por que gastar recursos preciosos — para a produção, a distribuição e o descarte — num produto que teremos apenas por alguns meses?

Portanto, prefira objetos que são bem fabricados e duráveis. Parece simples, mas quantas vezes você deixou que o preço, e não a qualidade, influenciasse no que você compra? Quando você está comprando é fácil comparar preços, mas pode ser difícil determinar a qualidade. Como saber se aquela cadeira irá quebrar no mês que vem ou se o relógio irá parar de funcionar na semana seguinte? É preciso procurar por algumas pistas, como o local em que o produto foi fabricado, os materiais com que foi produzido e a reputação do fabricante. Embora o preço nem sempre seja uma medida de qualidade, baixo custo não costuma estar associado à longevidade.

Do mesmo modo, evite comprar itens da moda. Eles não irão se desgastar antes que você se canse deles (ou antes que fique envergonhado demais de possuí-los). Mesmo que você os doe, recursos terão sido desperdiçados na produção e distribuição — seria melhor nunca tê-los comprado. Em vez disso, escolha peças que você realmente ama ou itens clássicos que continuarão na moda para sempre.

Por fim, sempre que possível, evite produtos descartáveis. É óbvio que não queremos esgotar os recursos naturais com objetos que usaremos por apenas alguns *minutos*! Infelizmente, objetos de uso único estão cada vez mais populares na sociedade: de pratos a barbeadores, de guardanapos a fraldas, de câmeras a panos de limpeza. Muitos desses itens são usados diariamente e geram uma tremenda quantidade de desperdício. É possível reduzir seu rastro de carbono de maneira drástica ao dar preferência a versões reutilizáveis, como lenços de pano, ecobags, baterias recarregáveis, pratos e utensílios apropriados, bem como guardanapos, fraldas e toalhas de tecido. Como sempre, deixe que a vida útil de um produto seja seu guia; se ela for extremamente curta, procure uma alternativa mais durável.

CONSIDERE OS MATERIAIS

Ao avaliar uma possível compra, dê a consideração devida aos materiais usados em sua fabricação. Ao escolher objetos produzidos com recursos sustentáveis ou renováveis, você pode minimizar o impacto do consumo.

Via de regra, prefira produtos feitos com materiais naturais. Substâncias sintéticas, como o plástico, costumam ter petróleo — que é um recurso não renovável — em sua composição. O processo de manufatura não apenas gasta energia como também emite toxinas prejudiciais, expondo os trabalhadores a fumaça e a substâncias químicas perigosas. Além disso, alguns plásticos contêm aditivos que entram no alimento e na água e geram riscos à saúde. O descarte apresenta outro problema. Plásticos se degradam muito devagar e podem permanecer nos aterros durante centenas (ou mesmo milhares) de anos; sua queima, por outro lado, pode gerar poluição tóxica.

Materiais naturais não exigem o mesmo consumo de energia e são muito mais fáceis de descartar e reciclar. Mas o simples fato de comprar algo feito de madeira não significa que estejamos a salvo. Devemos ficar atentos em relação à sua origem e extração. Grandes trechos de terra foram desflorestados para a produção de papel, móveis, pisos, toras de madeira e outros produtos. A derrubada ilegal e a extração insustentável estão destruindo ecossistemas, deslocando tribos indígenas e alterando climas locais. Para não contribuir com essas tragédias, procure madeiras certificadas de fontes sustentáveis e prefira tipos que se renovam rapidamente (como bambu) a espécies em extinção.

Outra opção é reduzir o impacto ambiental comprando produtos feitos de material reciclado. É possível encontrar papéis, roupas, bolsas, sapatos, pisos, móveis, decoração, bijuterias, cristais e muitos outros objetos que podem renascer como itens novos. Comprar produtos reciclados preserva os recursos naturais, economiza energia e evita que objetos originais parem no lixão. Mostre seu verdadeiro espírito de não consumista e se orgulhe do fato de que sua sacola foi feita com tampas de garrafa ou de que sua mesa de jantar é de madeira reciclada.

Por fim, pense na embalagem. O ideal, claro, é que não haja nenhuma, especialmente se consideramos a brevidade de sua vida útil. No entanto, muitos dos objetos que compramos vêm com algum tipo de embalagem externa. Dê preferência a produtos com a menor quantidade de embalagem ou com embalagens que possam ser recicladas com facilidade. E, aconteça o que acontecer, não traga compras para casa numa sacola plástica; crie o hábito de usar sacolas de pano. Essa ação simples pode economizar muita energia e evitar desperdício.

CONSIDERE AS PESSOAS

Além de avaliar os materiais que compõem um produto, devemos também considerar quem o fabricou e em que condições. Aquele bibelô na estante da loja de departamentos ou a cômoda na loja de varejo não se materializaram do nada. Alguém os construiu à mão ou operou uma máquina. Antes da compra, queremos saber se essa pessoa foi tratada de maneira justa, se teve condições de trabalho seguras e um salário com que fosse possível viver.

No meu mundo de fantasias futuras, imagino ser capaz de escanear o código de barras de um objeto com o celular para descobrir sua história: por exemplo, que recursos naturais foram usados em sua produção, se pode ser reciclado ou quanto tempo vai demorar para se decompor num aterro, onde foi feito e o histórico do fabricante relativo a salários e condições trabalhistas.

Décadas atrás, essas informações eram fáceis de se obter. As fábricas se localizavam em nossas cidades e podíamos ver com os próprios olhos se as chaminés vomitavam poluição ou se substâncias químicas eram descarregadas nos lagos e nos rios. Podíamos visitar o chão de fábrica ou perguntar ao nosso vizinho, ao primo ou ao amigo que trabalhava lá para saber se eles eram tratados e pagos adequadamente. Podíamos confiar nos sindicatos, nas leis e nas regulamentações que garantiam um salário justo e um ambiente seguro para as pessoas que fabricavam as coisas. Com o advento da globalização, tudo isso mudou. A maioria das coisas que compramos agora é feita em lugares distantes, e as empresas raramente são transparentes sobre a cadeia de fornecimento ou o método de produção. Algumas usam funcionários terceirizados para a fabricação e elas próprias podem nem saber das condições em que seus produtos são fabricados.

Portanto, como saberemos? Bem, essa é a parte complicada. Obviamente, nenhuma empresa emite comunicados de imprensa em que admite que paga mal seus funcionários nem veicula comerciais que mostram as condições deploráveis de suas fábricas. Cabe a nós descobrirmos quais empresas aplicam práticas de trabalho justas e quais não. Pesquise na internet informações de grupos de defensores e de organizações de direitos humanos. Pesquise sobre as lojas e as marcas de que gosta para garantir que as práticas delas estejam de acordo com seus valores. Se não, leve seu dinheiro para outro lugar. Além disso, inspecione o rótulo original antes de adquirir algo: se o produto foi feito numa região conhecida pela destruição ambiental ou por exploração de trabalho, desista de fazer a compra.

CONSIDERE A DISTÂNCIA

Já conversamos muito a respeito da produção e descarte e como minimizar nossos rastros em relação a elas. Mas isso ainda não é tudo. Devemos considerar também a distribuição — ponderando sobre como o transporte de bens do local em que foram feitos até onde os compramos aumenta seu custo ambiental.

Era uma vez um tempo em que a maioria dos nossos bens era produzida perto de casa. Comprávamos legumes e verduras do fazendeiro que os cultivava, roupas do alfaiate que as costurava e ferramentas do ferreiro que as forjava. Na maioria dos casos, esses itens não viajavam mais do que algumas centenas de quilômetros (e, normalmente, bem menos) para chegar até nós. Agora, as lojas trazem hortifrútis do Chile, roupas da Índia e ferramentas da China. Muitas das coisas nas nossas casas vêm do outro lado do planeta. O problema é a energia adicional (em forma de combustível) que precisa ser gasta para transportá-los.

O petróleo é uma fonte de energia não renovável que fica mais escassa a cada minuto. No entanto, em vez de conservá-la, enchemos aviões, navios e caminhões com ele para mover bens de consumo de um canto do mundo para o outro. Infelizmente, isso representa mais poluição na atmosfera e menos recursos para o futuro. As consequências ambientais de se enviar uma manga ou uma minissaia numa jornada de 5 mil quilômetros valem mesmo a pena?

Não para nós, que consumimos menos. Preferimos comprar produtos locais, manter o ar mais limpo e economizar toda essa energia. Preferimos comprar cadeiras com o artesão local a adquiri-las na superloja de móveis; a decoração, na feirinha de artes comunitária, e não no varejo global; e roupas de fabricantes nacionais. Definitivamente isso não é tão fácil quanto dar um pulinho no shopping, mas podemos pelo menos *tentar*. Na verdade, quanto mais exigimos produtos nacionais em vez de importados, mais chances temos de ver a ressurreição da manufatura local.

Você está pronto para fazer compras de curta distância? Comece pelos alimentos. Muitos de nós têm acesso a feiras livres, onde é possível comprar frutas frescas, legumes, verduras, mel, carnes, laticínios, entre outros produtos. Como os itens são cultivados, criados e produzidos localmente, a energia gasta no transporte é mínima. Portanto, planeje o cardápio de acordo com as frutas e os legumes da estação.

Quando compramos localmente, não apenas salvamos o meio ambiente como também fortalecemos nossas comunidades. Em vez de mandar nosso dinheirinho suado para o exterior, nós o reaplicamos no nosso bairro, onde ele pode ser usado para proporcionar serviços, construir infraestrutura e financiar programas de que precisamos. Salvamos nossas fazendas das construtoras, preservando assim o espaço aberto e as tradições agrícolas. Estimulamos economias locais fortes e diversas, que são muito menos dependentes de mercados e cadeias de fornecimento globais. Melhor de tudo, construímos relações pessoais de longa duração com as pessoas que nos fornecem as coisas. É maravilhoso saber que o nosso consumo ajuda um produtor rural a ganhar seu sustento ou o filho de um vendedor do bairro a ir à faculdade em vez de pagar o bônus de um executivo de uma corporação distante.

SEJA UMA BORBOLETA

Quando consumimos demais, somos como elefantes correndo por uma loja de cristais: deixamos um rastro destrutivo de florestas derrubadas, águas contaminadas e aterros transbordantes atrás de nós. Na busca por mais bens e crescimento desenfreado, quebramos os frágeis ecossistemas da Terra e deixamos para as gerações futuras a tarefa de limpar a bagunça.

Como pessoas menos consumistas, queremos fazer o oposto disso. Em vez de sermos como touros, nos esforçamos para sermos borboletas e viver da maneira mais leve, graciosa e bela possível. Queremos voar pela vida com pouca bagagem, sem o peso do excesso. Queremos deixar a Terra e seus recursos inteiros e intactos.

A Terra tem um número finito de recursos para um número crescente de pessoas, e quanto mais países se industrializam, maior é a pressão sobre o sistema. Quando agimos feito touros, usamos mais do que é justo. Achamos que temos o direito de sustentar nosso estilo de vida consumista a qualquer custo e quase não pensamos nos efeitos disso sobre o meio ambiente. O que é pior: numa economia de "crescimento a todo custo", esse comportamento torna-se a norma. Imagine centenas, milhares ou mesmo milhões de touros correndo pelo mundo e derrubando suas benesses.

Por outro lado, quando agimos como borboletas, ficamos satisfeitos com o essencial. Consumimos o mínimo possível, conscientes de que os recursos são limitados. Celebramos os presentes da natureza, como uma brisa de primavera, um córrego límpido e uma flor cheirosa em vez de maltratá-los. Sabemos que estamos aqui para servir a Terra e temos a responsabilidade de cuidar dela para as futuras gerações. Existimos de maneira harmoniosa uns com os outros e no interior do ecossistema.

Além disso, inspiramos os outros com a beleza de nossas ações. Não precisamos de poder ou de dinheiro para alcançar nossos objetivos. Precisamos apenas fazer aquilo que fazemos, dia após dia, dando um exemplo maravilhoso para nossos vizinhos e filhos. Ao seguirmos a vida minimalista, temos uma oportunidade privilegiada de mudar o paradigma atual do consumismo e do lucro desenfreados para um de conservação e crescimento sustentável. Podemos ser pioneiros da mudança social e econômica simplesmente consumindo menos e encorajando os outros a fazerem o mesmo. Essa é a forma mais fácil de ativismo que se pode imaginar, mas tem o poder de transformar nossas vidas, nossa sociedade e nosso planeta.

Conclusão

Cada um tem seus motivos para seguir um estilo de vida minimalista. Você pode ter pegado este livro porque suas gavetas estão lotadas, seu quarto, bagunçado e seus guarda-roupas, estourando. Talvez tenha se dado conta de que fazer compras no shopping e viver adquirindo coisas novas não o deixa feliz. Pode estar preocupado com os efeitos do seu consumo no meio ambiente e com medo de que seus filhos e netos não tenham ar e água puros, que deveriam ser um direito de nascença.

Espero que os conselhos nestas páginas tenham-no inspirado a arrumar sua casa, simplificar sua vida e viver de maneira mais leve no planeta. Trata-se de uma mensagem que você raramente irá ouvir na nossa sociedade do "quanto mais, melhor" — na verdade, quase sempre ouvirá o oposto. Para onde quer que nos voltemos, somos estimulados a consumir: comerciais, revistas, outdoors, estações de rádio e anúncios nos ônibus, bancos, prédios, banheiros e mesmo nas escolas. Isso acontece porque os meios de comunicação tradicionais são em grande parte controlados por pessoas que lucram quando compramos mais.

Ao praticarmos um estilo de vida minimalista, pode parecer que nadamos contra a corrente. Você encontrará pessoas que se sentem ameaçadas por qualquer desvio do status quo e que dirão que é impossível viver sem carro, televisão ou um jogo completo de móveis na sala de estar. Elas insinuarão que você é malsucedido se não compra roupas de marca, os aparelhos eletrônicos mais modernos e a maior casa que conseguir pagar.

Não acredite nisso. Todos sabemos que qualidade de vida não tem nada a ver com bens de consumo e que as "coisas" não são a medida do sucesso.

E não se preocupe, você não está sozinho. Olhe além da grande mídia e você encontrará pessoas parecidas com você. Na verdade, mencione casualmente com um colega ou um vizinho que está reduzindo seus pertences e é provável que ouça um suspiro e um comentário do gênero: "Eu também queria fazer isso". Depois dos excessos econômicos das últimas décadas, há uma desilusão crescente com o consumismo e uma onda de interesse por vidas mais simples e gratificantes.

A internet em particular é um baú do tesouro de informações e apoio. Nos últimos anos, o número de blogs e sites sobre vida minimalista e simplicidade voluntária aumentou exponencialmente. Considere participar de um fórum de discussão sobre o assunto: é uma ótima forma de se conectar com outros minimalistas, trocar técnicas de organização e encontrar inspiração e motivação para seguir no caminho certo.

Depois que tiver deixado o status quo, você terá uma sensação maravilhosa de calma e serenidade. Depois de ignorar as propagandas e reduzir o consumo, não haverá mais motivo para desejar coisas, pressão para comprá-las nem estresse para pagar por elas. É como pegar uma varinha mágica e eliminar uma enxurrada de preocupações e problemas da vida.

Com a vida minimalista vem a libertação das dívidas, da bagunça e da correria. Cada coisa excessiva que você elimina da sua vida parece um peso tirado das suas costas. Você terá menos tarefas e menos compras a fazer, pagar, limpar, manter e cuidar. Além disso, quando não estiver buscando símbolos de status ou olhando para a grama do vizinho, você ganhará tempo e energia para atividades mais gratificantes, como brincar com seus filhos, participar da comunidade e ponderar sobre o sentido da vida.

Essa liberdade, por sua vez, oferece uma excelente chance para a autodescoberta. Quando nos identificamos com marcas e nos expressamos através das coisas materiais, perdemos a noção de quem somos. Usamos bens de consumo para projetar determinada imagem de nós mesmos, comprando basicamente uma máscara para exibir para o mundo. Além disso, estamos tão ocupados cuidando das nossas *coisas* — correndo de um lado para o outro, comprando isso e aquilo — que encontramos pouco tempo para parar e explorar o que realmente nos anima.

Quando viramos minimalistas, nos despimos de todo o excesso para revelar nosso verdadeiro eu. Temos tempo para contemplar quem somos, o que achamos importante e o que nos faz realmente felizes. Saímos do casulo e abrimos as asas como poetas, filósofos, artistas, ativistas, mães, pais, companheiros, amigos. O mais importante é que nos redefinimos pelo que fazemos, pelo modo como pensamos e por quem amamos, e não pelo que compramos.

Existe uma antiga história budista sobre um homem que visitou um mestre zen em busca de orientação espiritual. Em vez de ouvi-lo, porém, o visitante falou apenas de suas próprias ideias a todo instante. Depois de um tempo, o mestre lhe serviu chá. Ele encheu a xícara do visitante e continuou a servi-lo enquanto o chá transbordava para a mesa. Surpreso, o visitante exclamou que sua xícara estava cheia e perguntou por que ele continuava a servir se não havia mais espaço nela. O mestre explicou que, assim como a xícara, o visitante estava cheio de suas próprias ideias e opiniões e não poderia aprender nada até que sua xícara se esvaziasse.

O mesmo acontece quando nossa vida está cheia demais. Não temos espaço para experiências novas e perdemos as chances de nos desenvolvermos e aprofundarmos nossas relações. O minimalismo nos ajuda a remediar o problema. Ao expulsar o excesso de casa, da agenda e da mente, esvaziamos nossas xícaras, o que nos dá uma capacidade infinita para a vida, o amor, as esperanças, os sonhos e uma abundância de alegria.

Agradecimentos

Sou grata aos meus leitores maravilhosos, por me inspirarem com seus e-mails e comentários no blog ao longo dos anos.

Agradeço a Maria Ribas, da Stonesong, por seu entusiasmo, conhecimento e excelência como agente.

Agradeço às minhas editoras, Laura Lee Mattingly e Sara Golski, por enxugarem meu texto e pelo prazer de trabalhar com elas.

Agradeço a Jennifer Tolo Pierce, Yolanda Cazares, Stephanie Wong e o resto da equipe da Chronicle por seu trabalho brilhante e dedicação a este livro, e à minha agente de direitos estrangeiros, Whitney Lee, por levá-lo para um público global.

Agradeço aos meus pais, por me fazerem acreditar que eu poderia fazer qualquer coisa.

E, acima de tudo, agradeço ao meu marido e à minha filha, pelo amor incondicional, pela paciência e pelo apoio ao longo de toda essa jornada. Vocês são meus Tesouros.

TIPOGRAFIA Adriane por Marconi Lima
DIAGRAMAÇÃO Osmane Garcia Filho
PAPEL Pólen Soft, Suzano S.A.
IMPRESSÃO Gráfica Bartira, novembro de 2021

A marca FSC® é a garantia de que a madeira utilizada na fabricação do papel deste livro provém de florestas que foram gerenciadas de maneira ambientalmente correta, socialmente justa e economicamente viável, além de outras fontes de origem controlada.